# Bucătăria Italiană

# Gusturi Autentice din 'La Bella Italia'

## Luca Rossi

# CONȚINUT

Linguine cu usturoi, ulei și ardei iute ..................................................................9

Spaghete cu usturoi și măsline ..........................................................................11

Linguine cu pesto .................................................................................................13

Spaghete subțiri cu nuci .....................................................................................16

Linguine cu roșii uscate la soare .......................................................................18

Spaghete cu boia de ardei, pecorino și busuioc ............................................20

Penne cu dovlecei, busuioc și ouă ....................................................................24

Paste cu mazăre și ouă ........................................................................................27

Linguine cu fasole, rosii si busuioc ..................................................................30

Urechi mici cu crema de cartofi si rucola .......................................................33

paste și cartofi ......................................................................................................36

Midii cu conopida si branza ..............................................................................40

Paste cu conopidă, șofran și coacăze ...............................................................42

Muște cu anghinare și mazăre ..........................................................................45

Fettuccine cu anghinare și ciuperci porcini ...................................................48

Rigatoni cu ragu de vinete .................................................................................52

Spaghete siciliene cu vinete ...............................................................................55

Fluture fundite cu broccoli, rosii, nuci de pin si stafide ..............................58

Cavatelli cu usturoi și cartofi ............................................................................61

Linguine cu dovlecel .................................................................................. 64

Spuma cu legume la gratar ..................................................................... 67

Penne cu ciuperci, usturoi şi rozmarin .................................................. 71

Linguine cu sfeclă şi usturoi .................................................................. 73

Muşte cu coadă şi verdeață ................................................................... 76

Paste cu salata ......................................................................................... 79

Fusilli cu rosii prajite ............................................................................. 81

Coate cu cartofi, rosii si rucola ............................................................. 84

Linguine în stil rustic roman ................................................................ 87

Penne cu legume de primăvară şi usturoi .......................................... 89

Paste „trase" cu smântână şi ciuperci ................................................. 91

Paste romane cu rosii si mozzarella .................................................... 94

Fusilli cu ton şi roşii .............................................................................. 96

Linguine cu pesto sicilian ..................................................................... 98

Spaghete cu pesto „nebun" ................................................................ 100

Muşte cu sos puttanesca nefiertă ...................................................... 102

Paste cu legume crude ........................................................................ 104

„Grăbeşte-te" spaghete ....................................................................... 106

„Supărată" Penne ................................................................................ 109

Rigatoni cu ricotta si sos de rosii ....................................................... 111

Fluture fundite cu roşii cherry şi pesmet ........................................ 113

Midii umplute ...................................................................................... 115

Spaghete cu pecorino și piper ............................................................................ 117

Linguine cu lamaie ............................................................................................ 119

Linguine cu ricotta și ierburi ............................................................................ 121

O prajitura satioasa .......................................................................................... 123

Tarta cu spanac si ricotta ................................................................................ 126

Tarta cu praz ..................................................................................................... 128

Sandvișuri cu mozzarella, busuioc și ardei prăjit ........................................ 131

Sandvișuri cu spanac și robiola ..................................................................... 133

Sandviș Riviera ................................................................................................. 135

Sandvișuri cu triunghiuri de ton și ardei prăjiți ............................................ 138

Sandvișuri cu prosciutto și un triunghi de smochine ................................. 140

Mere coapte Amaretto .................................................................................... 142

plăcinta cu mere a lui Livija ........................................................................... 145

Caise în sirop de lămâie ................................................................................. 148

Fructe de padure cu lamaie si zahar ............................................................ 150

Căpșuni cu oțet balsamic ............................................................................... 152

Zmeura cu mascarpone si otet balsamic .................................................... 154

Cireșe în Barolo ................................................................................................ 156

Castane prajite la cald .................................................................................... 158

smochine conservate ...................................................................................... 160

Smochine înmuiate în ciocolată .................................................................... 162

Smochine în sirop de vin ................................................................................ 164

Smochinele prăjite ale Dorei .................................................................. 166

Miere în sirop de mentă ........................................................................ 168

Portocale in sirop de portocale ............................................................. 170

Portocale gratinate cu zabaglione ......................................................... 172

Piersici albe la Asti Spumante ............................................................... 174

Piersici în vin roşu ................................................................................. 175

Piersici umplute cu amaretti .................................................................. 176

Pere in sos de portocale ........................................................................ 178

Pere cu marsala si smantana ................................................................. 180

Pere cu sos cald de ciocolata ................................................................. 182

Pere aromate cu rom .............................................................................. 184

Pere condimentate cu brânză pecorino ................................................. 186

Pere poşate cu gorgonzola .................................................................... 189

Prajitura cu budinca de pere sau mere .................................................. 191

Compot cald de fructe ............................................................................ 195

Fructe veneţiane caramelizate ............................................................... 197

Fructe cu miere si rachiu ....................................................................... 199

salata de fructe de iarna ........................................................................ 201

Fructe de vară la grătar ......................................................................... 203

Ricotta caldă cu miere ........................................................................... 205

Ricotta de cafea ..................................................................................... 206

Mascarpone şi piersici ........................................................................... 208

Mousse de ciocolata cu zmeura ............210

Tiramisu ............212

Tiramisu cu capsuni ............215

fleac italian ............218

zabaglione ............221

Zabaglione de ciocolată ............223

*Linguine cu usturoi, ulei și ardei iute*

*Linguine Aglio, Olio și Peperoncino*

**Pentru 4 până la 6 porții**

*Usturoiul, uleiul de măsline extravirgin fructat, pătrunjelul și ardeiul iute sunt mirodenii simple pentru aceste cele mai delicioase paste. Uleiul de măsline cu aromă completă este la fel de important ca usturoiul proaspăt și pătrunjelul. Gatiti incet usturoiul pentru a infuza uleiul cu aroma sa puternica. Nu lăsați usturoiul să devină mai mult decât auriu sau va avea un gust amar și înțepător. Unii bucătari omit pătrunjelul, dar îmi place aroma proaspătă pe care o adaugă.*

1/2 cană de ulei de măsline extravirgin

4 până la 6 căței mari de usturoi, tăiați subțiri

1/2 lingurițe de ardei roșu măcinat

1/3 cană pătrunjel plat proaspăt tocat

Sare

1 kilogram de linguine sau spaghete

**1.** Se toarnă uleiul într-un bol suficient de mare pentru a ține pastele fierte. Adăugați usturoiul și ardeiul roșu măcinat. Gatiti la foc mediu, amestecand des, pana cand usturoiul devine maro auriu, aproximativ 4-5 minute. Se amestecă pătrunjelul și se stinge focul.

**2.** Fierbeți cel puțin 4 litri de apă rece. Adaugati 2 linguri de sare, apoi taiteii si presati pana cand taiteii sunt complet acoperiti cu apa. Gătiți la foc mare, amestecând des, până când pastele sunt al dente, moi, dar ferme la mușcătură. Separați o parte din apa de gătit. Scurge pastele si adauga in tigaia cu sosul.

**3.** Gatiti si amestecati la foc mediu pana cand pastele sunt bine acoperite cu sosul. Dacă pastele par uscate, adăugați puțină apă de gătit. Serviți imediat.

**Variație:** Adăugați la usturoi măsline negre sau verzi, capere sau hamsii tăiate. Se servesc presarat cu pesmet prajit in ulei de masline sau branza rasa.

*Spaghete cu usturoi și măsline*

*Spaghetti al Aglio și măsline*

**Pentru 4 până la 6 porții**

*Puteți face singur acest sos de paste rapid cu măsline fără sâmburi și măcinate, dar pasta de măsline preparată este mai convenabilă. Deoarece pasta de măsline și măslinele pot fi sărate, nu adăugați brânză rasă la acest fel de mâncare.*

1/4 cană de ulei de măsline

3 catei de usturoi, feliati subtiri

Un praf de piper rosu macinat

1/4 cani pasta de masline verzi sau dupa gust sau 1 cana masline verzi fara samburi tocate

2 linguri de patrunjel proaspat tocat

Sare

1 kilogram spaghete sau linguine

1. Se toarnă uleiul într-un bol suficient de mare pentru a ține pastele fierte. Adăugați usturoiul și ardeiul roșu măcinat. Se fierbe la foc mediu până când usturoiul devine maro auriu, aproximativ 4 până la 5 minute. Se amestecă pasta de măsline sau pasta de măsline și pătrunjel și se ia tigaia de pe foc.

2. Fierbeți 4 litri de apă într-o oală mare. Adaugati 2 linguri de sare, apoi adaugati taiteii si presati usor pana cand taiteii sunt complet scufundati in apa. Gătiți la foc mare, amestecând des, până când pastele sunt al dente, moi, dar ferme la mușcătură. Separați o parte din apa de gătit. Scurge pastele si adauga in tigaia cu sosul.

3. Gatiti si amestecati la foc mediu pana cand pastele sunt bine acoperite cu sosul. Dacă pastele par uscate, adăugați puțină apă fierbinte de gătit. Serviți imediat.

*Linguine cu pesto*

*Linguine al pesto*

**Pentru 4 până la 6 porții**

*În Liguria, pesto-ul se face prin zdrobirea usturoiului și ierburilor într-un mojar până se obține o pastă groasă. Acolo se folosește o varietate de busuioc cu aromă ușoară, cu frunze minuscule care nu depășesc jumătate de inch lungime. Pesto-ul său este mult mai subtil decât pesto-ul de busuioc pe care îl avem în Statele Unite. Pentru a aproxima gustul pesto-ului din Liguria, adaug niste patrunjel. Pătrunjelul își păstrează culoarea mai bine decât busuiocul, care tinde să se înnegrească atunci când este tăiat, permițând pesto-ului să-și păstreze culoarea verde catifelată. Dacă călătorești în Liguria și îți place grădinăritul, cumpără un pachet de semințe mici de busuioc și crește-le în grădina de acasă. Nu este interzis să aduceți acasă semințe ambalate din Italia.*

1 cană frunze de busuioc bine împachetate, spălate și uscate

1/4 cani de frunze de pătrunjel plat proaspăt bine împachetate, spălate și uscate

2 linguri de nuci de pin sau migdale albite

1 catel de usturoi

Sare grunjoasă

1/3 cană de ulei de măsline extravirgin

1 kilogram de linguine

1/2 cană Parmigiano-Reggiano proaspăt ras

2 linguri de unt nesarat, inmuiat

1. Intr-un robot de bucatarie se toaca foarte marunt busuiocul si frunzele de patrunjel cu nuci de pin, usturoi si un praf de sare. Adăugați treptat uleiul de măsline într-un jet subțire și amestecați până se omogenizează. gust pentru condimente.

2. Fierbeți 4 litri de apă într-o oală mare. Adaugati 2 linguri de sare, apoi adaugati taiteii si presati usor pana cand taiteii sunt complet scufundati in apa. Amesteca bine. Gatiti, amestecand des, pana cand pastele sunt al dente, moi, dar ferme la muscatura. Separați o parte din apa de gătit. Scurgeți tăițeii.

**3.** Puneți tăițeii într-un castron mare de servire încălzit. Adăugați pesto, brânză și unt. Se amestecă bine, adăugând puțină apă pentru paste pentru a subția pesto, dacă este necesar. Serviți imediat.

*Spaghete subțiri cu nuci*

*Spaghettini con le Noci*

**Pentru 4 până la 6 porții**

*Aceasta este o rețetă napolitană care este adesea consumată pentru prânzul de vineri fără carne. Pentru acest sos pentru paste, trebuie să toci nucile foarte fin, astfel încât bucățile să se lipească de paste când le întorci. Tăiați-le cu un cuțit sau un robot de bucătărie dacă doriți, dar nu le transformați într-o pastă.*

1/4 cană de ulei de măsline

3 catei mari de usturoi, usor macinati

1 cana nuci, tocate marunt

Sare

1 kilogram spaghete, linguine fine sau vermicelli

1/2 cană de pecorino romano proaspăt ras

Piper negru proaspăt măcinat

2 linguri de patrunjel proaspat tocat

1. Se toarnă uleiul într-un bol suficient de mare pentru a ține pastele. Adăugați usturoiul și gătiți la foc mediu-mare, zdrobindu-l din când în când cu dosul unei linguri, până când capătă o culoare aurie intensă, aproximativ 3 până la 4 minute. Scoateți usturoiul din tigaie. Amestecați nucile și gătiți până se rumenesc ușor, aproximativ 5 minute.

2. Fierbeți cel puțin 4 litri de apă într-o oală mare. Se adauga 2 linguri de sare, apoi pastele. Amesteca bine. Gătiți la foc mare, amestecând des, până când pastele sunt al dente, moi, dar ferme la mușcătură. Scurge pastele, lăsând puțin din apa de gătit.

3. Turnați sosul de nuci peste paste și doar suficientă apă de gătit pentru a le menține umed. Adăugați brânză și mult piper negru măcinat. Aruncă bine. Se adauga patrunjel si se serveste imediat.

*Linguine cu roșii uscate la soare*

*Linguine cu pomodori secchi*

**Pentru 4 până la 6 porții**

*Un borcan de roșii uscate la soare marinate în cămară și oaspeți neaștepți au inspirat acest fel de mâncare de paste rapide. Uleiul în care sunt ambalate cele mai multe roșii uscate la soare marinate nu este de obicei de cea mai bună calitate, așa că prefer să-l scurg și să adaug propriul meu ulei de măsline extravirgin în acest sos simplu.*

1 borcan (aproximativ 6 uncii) roșii uscate la soare marinate, scurse

1 cățel mic de usturoi

1/4 cană de ulei de măsline extravirgin

1 lingura de otet balsamic

Sare

1 kilogram de linguine

6 frunze de busuioc proaspăt stivuite și tăiate în fâșii subțiri

1.Amesteca rosiile si usturoiul intr-un robot de bucatarie sau blender si toaca foarte fin. Adăugați încet uleiul și oțetul și amestecați până se omogenizează. gust pentru condimente.

2.Fierbeți cel puțin 4 litri de apă într-o oală mare. Adaugati 2 linguri de sare, apoi adaugati taiteii si presati usor pana cand taiteii sunt complet scufundati in apa. Amesteca bine. Gătiți la foc mare, amestecând des, până când pastele sunt al dente, moi, dar ferme la mușcătură. Separați o parte din apa de gătit. Scurgeți tăițeii.

3.Într-un castron mare, amestecați pastele cu sosul de roșii și busuioc proaspăt, adăugând puțină apă pentru paste dacă este necesar. Serviți imediat.

**Variație:**Adăugați o cutie de ton scurs învelit în ulei de măsline la paste și sos. Sau adăugați măsline negre sau hamsii tocate.

*Spaghete cu boia de ardei, pecorino și busuioc*

*Spaghete cu pepperoni*

**Pentru 4 până la 6 porții**

*A mânca spaghete, linguine sau alte paste lungi cu lingură și furculiță nu este considerată o bună maniere în Italia și nici tăierea în bucăți scurte. Copiii sunt învățați încă de la o vârstă fragedă să răsucească câteva fire de paste în jurul furculiței și să le mănânce drepte, fără a înghiți.*

*Potrivit legendei, furca cu trei capete a fost inventată în acest scop la mijlocul secolului al XIX-lea. Până atunci, pastele se mâncau mereu cu mâinile, iar furculițele aveau doar două țevi pentru că erau folosite în primul rând pentru frigărui de carne. Regele Ferdinand al II-lea al Neapolei i-a cerut camelierului său Cesare Spadaccini să inventeze o modalitate de a servi paste lungi la banchetele de la curte. Spadaccini a dezvoltat furca cu trei capete, iar restul este istorie.*

*Ardeiul iute proaspăt este tipic pentru bucătăria calabreză. Aici se combină cu boia și se servesc cu spaghete. Pecorino ras este un contrapunct drăguț și sărat pentru dulceața boia de ardei și busuioc.*

1/4 cană de ulei de măsline

4 ardei roșii mari tăiați fâșii subțiri

1 sau 2 ardei iute proaspeți, fără semințe și tocați, sau un praf de ardei roșu măcinat

Sare

2 catei de usturoi, feliati subtiri

12 frunze de busuioc proaspăt, tăiate în fâșii subțiri

1/3 cană de Pecorino Romano proaspăt ras

1 kilogram de spaghete

1. Într-o tigaie suficient de mare pentru pastele fierte, se încălzește uleiul la foc mediu. Adăugați boia de ardei, chili și sare. Gatiti 10 minute, amestecand din cand in cand.

**2.** Se amestecă usturoiul. Acoperiți și gătiți încă 10 minute sau până când ardeii sunt fragezi. Se ia de pe foc si se amesteca busuiocul.

**3.** Fierbeți cel puțin 4 litri de apă într-o oală mare. Adaugati 2 linguri de sare, apoi adaugati taiteii si presati usor pana cand taiteii sunt complet scufundati in apa. Amesteca bine. Gatiti, amestecand des, pana cand spaghetele sunt al dente, moi, dar ferme la muscatura. Separați o parte din apa de gătit. Scurge pastele si adauga in tigaia cu sosul.

**4.** Gatiti la foc mediu timp de 1 minut, amestecand continuu. Se amestecă bine și se adaugă puțină apă pentru paste. Adăugați brânza și amestecați din nou. Serviți imediat.

*Penne cu dovlecei, busuioc și ouă*

*Penne cu dovlecei și uvo*

**Pentru 4 până la 6 porții**

*Mitul că pastele au fost „inventate" în China și aduse în Italia de Marco Polo încă există. În timp ce Polo poate mânca paste în China, pastele erau cunoscute în Italia cu mult înainte de întoarcerea sa la Veneția în 1279. O roată de tăiere, găsită într-un mormânt etrusc din secolul al IV-lea î.Hr. î.Hr. la nord de Roma. Legenda poate fi urmărită probabil din portretul de la Hollywood a exploratorului venețian într-un film din anii 1930, cu Gary Cooper în rol principal.*

*În această rețetă napolitană, căldura pastelor și a legumelor gătește ouăle până devin cremoase și se întăresc ușor.*

4 dovlecei medii (aproximativ 1 1/4 livre), rasi

1/3 cană de ulei de măsline

1 ceapa mica tocata marunt

Sare și piper negru proaspăt măcinat

3 ouă mari

½ cană pecorino romano sau parmigiano-reggiano proaspăt ras

1 kilogram de penne

½ cană busuioc proaspăt sau pătrunjel tocat

1. Tăiați dovlecelul în bețișoare de 1/4 inch grosime de aproximativ 1 1/2 inci lungime. Uscați piesele.

2. Se toarnă uleiul într-un bol suficient de mare pentru a ține pastele fierte. Adăugați ceapa și gătiți la foc mediu, amestecând din când în când, până se înmoaie, aproximativ 5 minute. Adăugați dovlecelul și gătiți, amestecând des, până se rumenesc ușor, aproximativ 10 minute. Adăugați sare și piper.

3. Intr-un castron mediu, batem ouale cu branza si adaugam sare si piper dupa gust.

4. În timp ce dovleceii se fierb, fierbeți aproximativ 4 litri de apă într-o oală mare. Se adauga 2 linguri de sare si se

adauga taiteii. Amesteca bine. Gătiți la foc mare, amestecând des, până când pastele sunt al dente, moi, dar ferme la mușcătură. Separați o parte din apa de gătit. Scurge pastele si adauga in tigaia cu sosul.

**5.** Amestecați tăițeii cu amestecul de ouă. Se adauga busuiocul si se amesteca bine. Amestecați puțină apă de gătit dacă tăițeii par uscați. Adăugați mult piper și serviți imediat.

*Paste cu mazăre și ouă*

*Paste cu Piselli*

**Pentru 4 portii**

*Mama obișnuia să facă mult acest fel de mâncare de modă veche când eram mică. A folosit mazăre din conservă, dar îmi place să le congel pentru că au un gust mai proaspăt și au o textură mai fermă. Împărțirea spaghetelor în bucăți mici poate fi împotriva tradiției, dar este cheia originii acestei rețete. Când oamenii erau săraci și erau multe guri de hrănit, ingredientele puteau fi ușor întinse adăugând apă suplimentară pentru a face supa.*

*Acesta este unul dintre acele feluri de mâncare de rezervă pe care le pot pregăti mereu pentru că rareori sunt fără un sac de mazăre la congelator, paste în cămară și câteva ouă la frigider. Deoarece mazarea, ouale si pastele sunt destul de satioase, in general fac aceasta cantitate pentru 4 portii. Adăugați o jumătate de kilogram de paste dacă doriți 6 până la 8 porții.*

1/4 cană de ulei de măsline

1 ceapă mare, tăiată subțire

1 pachet (10 uncii) de mazăre congelată, parțial dezghețată

Sare și piper negru proaspăt măcinat

2 ouă mari

1/2 cană Parmigiano-Reggiano proaspăt ras

1/2 kilograme de spaghete sau linguine, rupte în bucăți de 2 inci

1. Se toarnă uleiul într-un bol suficient de mare pentru a ține pastele. Adăugați ceapa și gătiți la foc mediu, amestecând din când în când, până când ceapa este moale și se rumenește ușor, aproximativ 12 minute. Se amestecă mazărea și se fierbe încă 5 minute până când mazărea se înmoaie. Adăugați sare și piper.

2. Intr-un castron mediu, batem ouale cu branza si adaugam sare si piper dupa gust.

3. Fierbeți cel puțin 4 litri de apă într-o oală mare. Se adauga 2 linguri de sare, apoi pastele. Amesteca bine. Gatiti la foc

mare, amestecand des, pana cand pastele sunt fragede, dar putin fierte. Scurge pastele, lăsând puțin din apa de gătit.

4.Amesteca pastele in tigaia cu mazarea. Adăugați amestecul de ouă și gătiți la foc mic, amestecând continuu, până când ouăle se întăresc ușor, aproximativ 2 minute. Dacă pastele par uscate, adăugați puțină apă de gătit. Serviți imediat.

*Linguine cu fasole, rosii si busuioc*

*Linguine cu Fagiolini*

**Pentru 4 până la 6 porții**

*Salata de ricotta este o formă de ricotta sărată și presată. Dacă nu o găsiți, înlocuiți brânză feta ușoară, nesărată sau ricotta proaspătă și pecorino ras. Aceste paste sunt tipice din Puglia.*

12 uncii de fasole verde, tăiată

Sare

1/4 cană de ulei de măsline

1 catel de usturoi, tocat marunt

5 roșii medii, curățate de coajă, fără semințe și tocate (aproximativ 3 căni)

Piper negru proaspăt măcinat

1 kilogram de linguine

1/2 cană busuioc proaspăt tocat

1 cană de salată verde ricotta rasă, feta ușoară sau ricotta proaspătă

**1.** Se fierb aproximativ 4 litri de apă. Adăugați fasole verde și sare după gust. Gatiti 5 minute sau pana devine crocant. Scoateți fasolea verde cu o lingură sau o strecurătoare, păstrând apa. Uscați fasolea. Tăiați fasolea în bucăți de 1 inch.

**2.** Se toarnă uleiul într-un bol suficient de mare pentru a ține pastele fierte. Adăugați usturoiul și gătiți la foc mediu până devine ușor auriu, aproximativ 2 minute.

**3.** Se adauga rosiile si sare si piper dupa gust. Gatiti, amestecand din cand in cand, pana rosiile se ingroasa si sucul se evapora. Se amestecă fasolea. Lăsați să fiarbă ușor încă 5 minute.

**4.** Între timp, readuceți oala cu apă la fiert. Adăugați 2 linguri de sare, apoi adăugați linguine și apăsați ușor până când tăițeii sunt complet scufundați în apă. Gătiți la foc mare, amestecând des, până când pastele sunt al dente, moi, dar ferme la mușcătură. Separați o parte din apa de gătit. Scurge pastele si adauga in tigaia cu sosul.

5. Adauga linguine in tigaia cu sosul. Adăugați busuiocul și brânza și amestecați din nou la foc mediu până când brânza devine cremoasă. Serviți imediat.

*Urechi mici cu crema de cartofi si rucola*

*Orecchiette cu crema di patate*

**Pentru 4 până la 6 porții**

*Racheta sălbatică crește în toată Puglia. Este crocant, cu o frunză îngustă, zimțată și o aromă atractivă de nucă. Frunzele se consumă atât crude, cât și fierte, adesea cu paste. Cartofii sunt bogați în amidon, dar în Italia sunt considerați doar o altă legumă, așa că nu există nicio îndoială cu privire la servirea lor cu paste, mai ales în Puglia. Cartofii se fierb până se înmoaie și apoi se pasează în apa de gătit până devin cremos.*

2 cartofi medii, aproximativ 12 oz

Sare

1/4 cană de ulei de măsline

1 catel de usturoi, tocat marunt

1 kilogram orecchietta sau scoici

2 ciorchine de rucola (aproximativ 8 uncii), tulpinile dure îndepărtate, spălate și scurse

Sare și piper negru proaspăt măcinat

1. Curatam cartofii si ii punem intr-o oala mica, adaugam sare si acoperim cu apa rece. Aduceți apa la fiert și gătiți cartofii până când sunt fragezi când sunt străpunși cu un cuțit ascuțit, aproximativ 20 de minute. Scurgeți cartofii și păstrați apa.

2. Se toarnă uleiul într-o cratiță de mărime medie. Adăugați usturoiul și gătiți la foc mediu până când usturoiul devine maro auriu, aproximativ 2 minute. Se ia de pe foc. Adăugați cartofii și pasați bine cu un piure sau furculiță, amestecând aproximativ 1 cană de apă pe care ați economisit pentru a face o „cremă" subțire. Adăugați sare și piper.

3. Se fierb 4 litri de apă. Se adauga 2 linguri de sare, apoi pastele. Amesteca bine. Gătiți la foc mare, amestecând des, până când pastele sunt al dente, moi, dar ferme la mușcătură. Adăugați rucola și amestecați o dată. Scurge pastele și rucola.

**4.** Reveniți pastele și rucola în oală și adăugați sosul de cartofi. Gatiti la foc mic si amestecati, daca este necesar mai adaugati putina apa de cartofi. Serviți imediat.

*paste și cartofi*

*paste și plăcintă*

**Face 6 portii**

*La fel ca pastele cu fasole sau linte, pastele și cartofii sunt un bun exemplu de la cucina povera, modul din sudul Italiei de a pregăti mâncăruri delicioase cu câteva ingrediente umile. Când vremurile erau foarte slabe și erau multe guri de hrănit, era obișnuit să adăugați apă suplimentară, de obicei lichidul rămas de la gătitul legumelor sau pastele, și să extindeți acele feluri de mâncare cu paste în supe pentru a le menține.*

1/4 cană de ulei de măsline

1 morcov mediu, tocat

1 baton mediu de telina, tocat

1 ceapa medie, tocata

2 catei de usturoi, tocati marunt

2 linguri de patrunjel proaspat tocat

3 linguri de pasta de tomate

Sare și piper negru proaspăt măcinat

1 1/2 kg cartofi fierti, curatati si tocati

1 kilogram tubetti sau scoici mici

1/2 cană pecorino romano sau parmigiano-reggiano proaspăt ras

1. Se toarnă uleiul într-o oală mare și se adaugă ingredientele tocate, mai puțin cartofii. Gătiți la foc mediu, amestecând ocazional, până când se înmoaie și devin maro auriu, aproximativ 15 până la 20 de minute.

2. Se amestecă pasta de roșii și se condimentează cu sare și piper. Adăugați cartofi și 4 căni de apă. Aduceți la fiert și gătiți până când cartofii sunt fragezi, aproximativ 30 de minute. Piure o parte din cartofi cu dosul unei linguri.

3. Fierbeți aproximativ 4 litri de apă într-o oală mare. Se adauga 2 linguri de sare, apoi pastele. Amesteca bine. Gatiti, amestecand des, pana cand pastele sunt al dente, moi, dar ferme la muscatura. Separați o parte din apa de gătit.

Amestecați tăițeii în amestecul de cartofi. Dacă este necesar, adăugați puțină apă de gătit, dar masa trebuie să rămână destul de vâscoasă. Se amestecă brânza și se servește imediat.

*Midii cu conopida si branza*

*Conchiglie al Cavolfiore*

**Face 6 portii**

*Conopida versatilă este vedeta multor preparate cu paste din sudul Italiei. În Sicilia am mâncat acest fel de mâncare simplu făcut din conopida mov locală.*

1/2 cană de ulei de măsline

1 ceapa medie, tocata marunt

1 conopidă medie, tăiată și tăiată în buchețe de dimensiuni mici

Sare

2 linguri de patrunjel proaspat tocat

Piper negru proaspăt măcinat

1 kilogram de scoici

3/4 căni de pecorino romano proaspăt ras

**1.** Se toarnă uleiul într-un bol suficient de mare pentru a ține pastele fierte. Adăugați ceapa și căliți la foc mediu timp de 5 minute. Adăugați conopida și sare după gust. Acoperiți și gătiți timp de 15 minute sau până când conopida este fragedă. Se amestecă pătrunjel și piper negru după gust.

**2.** Fierbeți cel puțin 4 litri de apă într-o oală mare. Se adauga 2 linguri de sare, apoi pastele. Amesteca bine. Gatiti la foc mare, amestecand des, pana cand pastele sunt al dente, moi, dar tot al dente. Scurge pastele, lăsând puțin din apa de gătit.

**3.** Adauga pastele in tigaia cu conopida si amesteca bine la foc mediu. Dacă este necesar, adăugați puțină apă de gătit. Adăugați brânza și amestecați din nou generos cu amestecul de piper negru. Serviți imediat.

*Paste cu conopidă, șofran și coacăze*

*Paste Arriminati*

**Face 6 portii**

*Variind de la alb-violet la verde de mazăre, soiurile de conopidă siciliană au un parfum minunat toamna și iarna când sunt proaspăt culese. Aceasta este una dintre mai multe combinații de paste siciliene și conopidă. Șofranul dă o culoare galben-aurie și o aromă subtilă, în timp ce coacăzele și anșoa adaugă dulceață și salinitate. Pesmetul prăjit da o crostare blândă ca cireașa de pe un tort.*

1 lingurita de sofran

2/3 cană coacăze roșii sau stafide închise la culoare

Sare

1 conopidă mare (aproximativ 2 kg), tăiată și tăiată buchețele

1/3 cană de ulei de măsline

1 ceapa medie, tocata marunt

6 fileuri de hamsii, scurse si tocate

Piper negru proaspăt măcinat

1/3 cană nuci de pin, uşor prăjite

1 kilogram penne sau scoici

1/4 căni de pesmet prăjit

1. Într-un castron mic, acoperiți firele de şofran cu 2 linguri de apă fierbinte. Pune coacazele intr-un alt recipient si toarna peste ele apa fierbinte. Lăsați ambele să stea aproximativ 10 minute.

2. Fierbeți cel puțin 4 litri de apă într-o oală mare. Se adauga 2 linguri de sare si conopida. Gatiti, amestecand des, pana cand conopida este frageda cand este strapunsa cu un cutit, aproximativ 10 minute. Scoateți conopida cu o lingură cu fantă şi lăsați apa pentru gătit pastele.

3. Se toarnă uleiul într-un bol suficient de mare pentru a ține pastele fierte. Adăugați ceapa şi gătiți la foc mediu timp de 10 minute. Adăugați anşoa şi gătiți încă 2 minute,

amestecând des, până se topesc. Se amestecă șofranul și apa de înmuiat. Scurgeți coacăzele și adăugați-le în tigaie.

4. Se amestecă conopida fiartă. Lăsați puțină apă de gătit și adăugați în tigaia cu conopida. Se fierbe 10 minute, sfărâmând conopida cu dosul lingurii până se rupe în bucăți mici. Adăugați sare și piper. Se amestecă nucile de pin.

5. În timp ce conopida se fierbe, fierbeți din nou apa de gătit. Adăugați tăițeii și amestecați bine. Gătiți la foc mare, amestecând des, până când pastele sunt al dente, moi, dar ferme la mușcătură. Separați o parte din apa de gătit. Scurge pastele, apoi adaugă în tigaia cu amestecul de conopidă. Se amestecă bine și se adaugă puțină apă de gătit dacă pastele par uscate.

6. Serviți pastele presărate cu pesmet prăjit.

*Muște cu anghinare și mazăre*

*Farfalle con Carciofi*

**Pentru 4 până la 6 porții**

*Deși multe stațiuni italiene se închid în timpul lunilor de iarnă, majoritatea se redeschid de Paște. Așa a fost la Portofino un an când am fost acolo, deși vremea era ploioasă și răcoroasă. În cele din urmă, cerul s-a limpezit și a ieșit soarele, iar eu și soțul meu am putut să ne bucurăm de prânz pe terasa hotelului nostru cu vedere la mare.*

*Am inceput cu aceasta pasta urmata de un peste intreg copt cu masline. Desertul a fost tort cu lamaie. A fost o masă perfectă de Paște.*

*Dacă nu sunt disponibile anghinare tinere, înlocuiți anghinare mai mari tăiate felii.*

1 kilogram de anghinare tinere

2 linguri de ulei de măsline

1 ceapa mica tocata marunt

1 catel de usturoi, tocat marunt

Sare și piper negru proaspăt măcinat

2 căni de mazăre proaspătă sau 1 pachet (10 uncii) congelat

1/2 cană busuioc proaspăt tocat sau pătrunjel plat

1 kilogram de farfalla

1/2 cană Parmigiano-Reggiano proaspăt ras

1. Folosind un cuțit mare, tăiați partea de sus a anghinării. Clătiți-le bine sub apă rece. Îndoiți și rupeți frunzele mici din jurul bazei. Tăiați vârfurile frunzelor rămase cu foarfecele. Scoateți pielea exterioară dură de pe tulpini și din jurul bazei. Tăiați anghinarea în jumătate. Cu un cuțit mic cu vârful rotunjit, răzuiți frunzele pufoase din centru. Tăiați anghinarea în felii subțiri.

2. Turnați ulei de măsline într-o tigaie suficient de mare pentru a ține pastele fierte. Adăugați ceapa și usturoiul și căliți la foc mediu timp de 10 minute, amestecând din când în când. Adăugați anghinarea și 2 linguri de apă. Adăugați

sare și piper. Gatiti timp de 10 minute sau pana cand anghinarea devin fragede.

**3.** Se amestecă mazărea. Gatiti 5 minute sau pana mazarea este frageda. Se ia de pe foc si se amesteca busuiocul.

**4.** Fierbeți cel puțin 4 litri de apă. Se adauga 2 linguri de sare, apoi pastele. Amesteca bine. Gatiti, amestecand des, pana cand pastele sunt al dente, moi, dar ferme la muscatura. Separați o parte din apa de gătit. Scurgeți tăițeii.

**5.** Amestecați pastele cu sosul de anghinare și, dacă este necesar, cu puțină apă de gătit. Adăugați puțin ulei de măsline extravirgin și amestecați din nou. Se ornează cu brânză și se servește imediat.

*Fettuccine cu anghinare și ciuperci porcini*

*Fettuccine cu Carciofi și Porcini*

**Pentru 4 până la 6 porții**

*Anghinarea și ciupercile porcini pot suna ca o combinație neobișnuită, dar nu și în Liguria, unde am mâncat aceste paste. Deoarece acest fel de mâncare este foarte gustos, nu este necesară brânza rasă, mai ales dacă o stropiți cu un ulei de măsline extravirgin bun.*

1 uncie ciuperci porcini uscate

1 cană de apă caldă

1 kilogram de anghinare

1/4 cană de ulei de măsline

1 ceapa mica tocata

1 catel de usturoi, tocat foarte fin

2 linguri de patrunjel proaspat tocat

1 cană de roșii proaspete decojite, fără semințe și mărunțite sau conserve de roșii italiene importate, scurse și tocate

Sare și piper negru proaspăt măcinat

1 kilogram de fettuccine uscată

Ulei de măsline extra virgin

1. Pune ciupercile în apă și lasă-le la macerat timp de 30 de minute. Scoateți ciupercile din apă, aruncând lichidul. Clătiți ciupercile sub jet de apă rece pentru a îndepărta orice murdărie, acordând o atenție deosebită capetele tulpinilor unde se acumulează murdăria. Tocați grosier ciupercile. Se strecoară lichidul de ciuperci într-un bol. Pune deoparte.

2. Folosind un cuțit mare, tăiați partea de sus a anghinării. Clătiți-le bine sub apă rece. Îndoiți și rupeți frunzele mici din jurul bazei. Tăiați vârfurile frunzelor rămase cu foarfecele. Scoateți pielea exterioară dură de pe tulpini și din jurul bazei. Tăiați anghinarea în jumătate. Folosind un cuțit mic, răzuiți frunzele pufoase din centru. Tăiați anghinarea în felii subțiri.

3. Se toarnă uleiul într-un bol suficient de mare pentru a ține pastele fierte. Se adauga ceapa, ciupercile, patrunjelul si usturoiul si se fierbe la foc mediu timp de 10 minute. Se adauga anghinarea, rosiile si sare si piper dupa gust. Gatiti 10 minute. Adăugați lichidul de ciuperci și gătiți încă 10 minute sau până când anghinarea sunt fragede când sunt străpunse cu un cuțit.

4. Fierbeți 4 litri de apă într-o oală mare. Se adauga 2 linguri de sare, apoi pastele. Amesteca bine. Gătiți la foc mare, amestecând des, până când pastele sunt al dente, moi, dar ferme la mușcătură. Separați o parte din apa de gătit. Scurgeți tăițeii.

5. Turnați sosul peste paste și, dacă este necesar, puțină apă de gătit. Stropiți cu ulei de măsline extravirgin și serviți imediat.

*Rigatoni cu ragu de vinete*

*Rigatoni cu Ragu di Melanzane*

**Pentru 4 până la 6 porții**

*Carnea este de obicei adăugată într-un sos de roșii pentru a face un ragù, dar această versiune vegetariană din Basilicata folosește vinete pentru că sunt la fel de bogate și delicioase.*

*Rigaîn numele unei forme de pastă precum rigatoni sau penne rigata indică faptul că are creste care acționează ca prinderi pentru sos. Rigatoni sunt tuburi mari, canelate de paste. Forma lor groasă și mare completează ragù-urile generoase cu ingrediente mari.*

1/4 cană de ulei de măsline

1/4 cană de eșalotă tocată

4 cani de vinete tocate

1/2 cană ardei roșu tocat

1/2 căni de vin alb sec

1½ kilograme de roșii prune, curățate, fără semințe și mărunțite, sau 2 căni de conserve de roșii italiene din import cu sucul lor

O crenguță de cimbru proaspăt

Sare

Piper negru proaspăt măcinat

1 kilogram rigatoni, penne sau farfalle

Ulei de măsline extravirgin, pentru ungere

1. Turnați uleiul într-o tigaie mare și grea. Adăugați șalota și fierbeți la foc mediu timp de 1 minut. Adăugați vinetele și ardeiul roșu. Gatiti, amestecand des, pana cand legumele se ofilesc, aproximativ 10 minute.

2. Se adauga vinul si se fierbe 1 minut pana se evapora.

3. Se condimentează cu roșii, cimbru, sare și piper. Reduceți căldura la minim. Gatiti, amestecand ocazional, timp de 40 de minute sau pana cand sosul este gros si legumele sunt

foarte fragede. Dacă amestecul devine prea uscat, amestecați cu puțină apă. Scoateți cimbrul.

**4.** Fierbeți cel puțin 4 litri de apă într-o oală mare. Se adauga 2 linguri de sare, apoi pastele. Amesteca bine. Gătiți la foc mare, amestecând des, până când pastele sunt al dente, moi, dar ferme la mușcătură. Separați o parte din apa de gătit. Scurgeți pastele și puneți-le într-un castron cald de servire.

**5.** Turnați sosul și amestecați bine, dacă este necesar adăugați puțină apă de gătit. Stropiți cu puțin ulei de măsline extravirgin și amestecați din nou. Serviți imediat.

*Spaghete siciliene cu vinete*

*Spaghete după Norma*

**Pentru 4 până la 6 porții**

*Normă este numele unei frumoase opere compuse de sicilianul Vincenzo Bellini. Această pastă făcută din vinete — o legumă populară în Sicilia — a fost numită în onoarea operei.*

*Salata de ricotta este o formă presată de ricotta care este bine feliată și consumată ca brânză sau rasă peste paste. Există și o variantă afumată care este deosebit de delicioasă, deși nu am văzut-o niciodată în afara Siciliei. Dacă nu găsești salată de ricotta, înlocuiește feta, care este foarte asemănătoare, sau folosește pecorino romano.*

1 vinete medie, tăiată și feliată grosime de 1/4 inch

Sare

Ulei de măsline pentru prăjit

2 catei de usturoi, usor macinati

Un praf de piper rosu macinat

3 kilograme de roșii prune coapte, decojite, fără semințe și tocate sau 1 cutie (28 uncii) de coji italiene importate, scurse și tocate

6 frunze de busuioc proaspăt

1 kilogram de spaghete

1 cană salată de ricotta rasă sau pecorino romano

1. Aranjați feliile de vinete într-o strecurătoare peste o farfurie și presărați fiecare strat cu sare. Lasă-l să stea timp de 30 până la 60 de minute. Se spala vinetele si se usuca bine cu prosoape de hartie.

2. Turnați aproximativ 1/2 inch de ulei într-o tigaie adâncă și grea. Încinge uleiul la foc mediu până când o bucată mică de vinete sfârâie când este adăugată în tigaie. Prăjiți feliile de vinete pe ambele părți până se rumenesc. Scurgeți pe hârtie de bucătărie.

3. Turnați 3 linguri de ulei într-o tigaie medie. Adăugați usturoiul și ardeiul roșu zdrobit și gătiți la foc mediu-mare

până când usturoiul devine auriu închis, aproximativ 4 minute. Scoateți usturoiul. Se adauga rosiile si sare dupa gust. Reduceți focul și fierbeți timp de 20 până la 30 de minute sau până când sosul se îngroașă. Se amestecă busuiocul și se stinge focul.

4. Fierbeți cel puțin 4 litri de apă într-o oală mare. Se adauga 2 linguri de sare, apoi pastele. Amesteca bine. Gatiti la foc mare, amestecand des, pana cand pastele sunt al dente, moi, dar tot al dente. Separați o parte din apa de gătit. Scurgeți tăițeii.

5. Puneti pastele cu sosul intr-un bol de servire caldut, adaugati putina apa de gatit daca este necesar. Adăugați brânza și amestecați din nou. Deasupra asezam feliile de vinete si servim imediat.

*Fluture fundite cu broccoli, rosii, nuci de pin si stafide*

*Farfalle alla Siciliana*

## Pentru 4 până la 6 porții

*Nucile de pin adaugă un aspect crocant la aceste delicioase paste siciliene, iar stafidele adaugă dulceață acestei delicioase paste siciliene. Broccoli este gătit în aceeași oală cu pastele, așa că aromele se îmbină cu adevărat. Dacă puteți găsi roșii mari și rotunde în loc de prune, le puteți înlocui, deși sosul va fi mai subțire și poate avea nevoie de puțin mai multă gătit.*

1/3 cană de ulei de măsline

2 catei de usturoi, tocati marunt

Un praf de piper rosu macinat

2 1/2 kilograme de roșii proaspete (aproximativ 15), curățate, fără sămânță și tocate

Sare și piper negru proaspăt măcinat

2 linguri de stafide

1 kilogram de farfalla

1 buchet mediu de broccoli, îndepărtați tulpinile și tăiați buchețele mici

2 linguri de nuci de pin prajite

**1.** Se toarnă uleiul într-un bol suficient de mare pentru a ține pastele. Adăugați usturoiul și ardeiul roșu măcinat. Gatiti la foc mediu pana usturoiul devine maro auriu, aproximativ 2 minute. Se adauga rosiile si sare si piper dupa gust. Aduceți la fiert și gătiți până când sosul se îngroașă, 15 până la 20 de minute. Se amestecă stafidele și se ia de pe foc.

**2.** Fierbeți cel puțin 4 litri de apă într-o oală mare. Se adauga 2 linguri de sare, apoi pastele. Amesteca bine. Gatiti, amestecand des, pana cand apa fierbe din nou.

**3.** Adăugați broccoli la paste. Gatiti, amestecand des, pana cand pastele sunt al dente, moi, dar ferme la muscatura. Separați o parte din apa de gătit.

**4.** Scurge pastele și broccoli. Adăugați în tigaia cu roșiile, adăugând puțină apă de gătit dacă este necesar. Aruncă bine. Se presara cu nuci de pin si se serveste imediat.

*Cavatelli cu usturoi și cartofi*

*Cavatelli cu Verdura și Patata*

**Pentru 4 până la 6 porții**

*Spălatul legumelor poate să nu fie sarcina mea preferată, dar să găsesc nisip în mâncare este și mai rău, așa că le spăl de cel puțin trei ori. Merită.. În această rețetă puteți folosi doar un singur soi, dar un amestec de două sau trei legume diferite va oferi preparatului o textură și un gust interesant.*

*Cartofii din această rețetă trebuie tăiați în bucăți mici pentru a fi gătiți cu pastele. Sfarsesc putin prea fierte si sfaramicioase, oferind pastele o netezime cremoasa.*

11/2 kilograme de verdeață tocată, cum ar fi broccoli, mizuna, verdeață de muștar, kale sau verdeață de păpădie

Sare

1/3 cană de ulei de măsline

4 catei de usturoi, feliati subtiri

Un praf de piper rosu macinat

Sare și piper negru proaspăt măcinat

1 kilogram de cavatelli

1 kilogram de cartofi fierți, curățați și tăiați în bucăți de 1/2 inch

1. Umpleți o chiuvetă sau un vas mare cu apă rece. Adăugați legumele și aruncați-le în apă. Pune verdeata intr-o strecuratoare, schimbi apa si repeta de cel putin doua ori pentru a indeparta toate urmele de nisip.

2. Se fierbe o oală mare cu apă. Adăugați legume și sare după gust. În funcție de tipul pe care îl folosiți, gătiți timp de 5 până la 10 minute până când legumele sunt fragede. Scurgeți legumele și răciți-le sub jet de apă rece. Tăiați verdeața în bucăți mici.

3. Se toarnă uleiul într-un bol suficient de mare pentru a ține pastele fierte. Adăugați usturoiul și ardeiul roșu măcinat. Gatiti la foc mediu pana usturoiul devine maro auriu, 2 minute. Se adauga legumele si un praf de sare. Gatiti,

amestecand, pana cand legumele sunt acoperite cu ulei, aproximativ 5 minute.

**4.** Fierbeți cel puțin 4 litri de apă într-o oală mare. Se adauga 2 linguri de sare, apoi pastele. Gatiti, amestecand des, pana cand apa fierbe din nou. Adăugați cartofii și gătiți până când pastele sunt al dente, moi, dar ferme la mușcătură. Separați o parte din apa de gătit. Scurgeți tăițeii.

**5.** Adăugați pastele și cartofii la legume și amestecați bine. Dacă pastele par uscate, adăugați puțină apă de gătit. Serviți imediat.

*Linguine cu dovlecel*

*Linguine cu dovlecel*

**Pentru 4 până la 6 porții**

*Rezistați impulsului de a cumpăra orice, în afară de dovlecei mici până la mijlocii și spuneți nu mulțumesc prietenilor grădinari care sunt disperați după dovleci de mărimea unui teckel. Dovleceii giganți sunt apos, lipicios și fără gust, dar cei lungi ca un hot dog și nu mai gros decât un knockwurst sunt moi și delicioși.*

*Îmi place în special Pecorino Romano din această rețetă - o brânză de oaie fierbinte și picant din sudul Italiei.*

6 dovlecei mici, verzi sau galbeni (aproximativ 2 lire sterline)

1/3 cană de ulei de măsline

3 catei de usturoi, tocati marunt

Sare și piper negru proaspăt măcinat

1/4 cană de busuioc proaspăt tocat

2 linguri de patrunjel proaspat tocat

1 lingura de cimbru proaspat tocat

1 kilogram de linguine

1/2 cană de pecorino romano proaspăt ras

1. Spălați dovlecelul sub apă rece. Tăiați capetele. Sferturi pe lungime, apoi feliați.

2. Într-o tigaie suficient de mare pentru paste, încălziți uleiul la foc mediu. Adăugați dovlecelul și gătiți, amestecând din când în când, până se rumenesc ușor și se înmoaie, aproximativ 10 minute. Împingeți dovlecelul până la marginea vasului și adăugați usturoiul, sare și piper. Gatiti 2 minute. Adăugați ierburile, amestecați dovlecelul înapoi în condimente, apoi luați de pe foc.

3. În timp ce dovleceii se fierb, fierbeți 4 litri de apă într-o oală mare. Se adauga 2 linguri de sare, apoi pastele. Amesteca bine. Gătiți la foc mare, amestecând des, până când pastele sunt al dente, moi, dar ferme la mușcătură. Separați o parte din apa de gătit.

**4.** Scurgeți tăițeii. Adaugati taiteii in tigaia cu dovleceii. Amestecați bine, dacă este necesar adăugați puțină apă de gătit. Adăugați brânza și amestecați din nou. Serviți imediat.

*Spuma cu legume la gratar*

*Paste cu Verdure alla Griglia*

## Pentru 4 până la 6 porții

*Deși de obicei las coaja pe vinete, grătarul tinde să întărească coaja, așa că o decojesc înainte de a da drumul la grătar. Dacă vinetele nu sunt proaspete de fermă, poate doriți să le sărați înainte de a le găti pentru a reduce amărăciunea care crește pe măsură ce legumele se coc. Pentru a face acest lucru, decojiți și feliați vinetele, apoi puneți feliile într-o strecurătoare și stropiți fiecare strat cu sare grunjoasă. Lăsați-l să stea timp de 30 până la 60 de minute pentru a îndepărta lichidul. Clătiți sarea, uscați și gătiți conform instrucțiunilor.*

2 kilograme de roșii (aproximativ 12)

ulei de masline

1 vinete medie, curatata de coaja si taiata in felii groase

2 capete de marime medie de ceapa dulce rosie sau alba, taiate in felii mai groase

Sare şi piper negru proaspăt măcinat

2 catei de usturoi, tocati foarte marunt

12 frunze de busuioc proaspăt, tăiate în bucăţi mici

1 kilogram de penne

1/2 cană de pecorino romano proaspăt ras

1. Asezati gratarul sau gratarul la aproximativ 10 cm de sursa de caldura. Preîncălziţi grătarul sau grătarul. Pune roşiile pe grătar. Gătiţi, întorcându-se frecvent cu cleştele, până când roşiile sunt moi şi coaja este uşor carbonizată şi slăbită. Scoateţi roşiile. Ungeţi feliile de vinete şi ceapă cu ulei şi stropiţi cu sare şi piper. Prăjiţi până când legumele sunt moi şi rumenite, dar nu înnegrite, aproximativ 5 minute pe fiecare parte.

2. Curatati coaja rosiilor si taiati capetele tulpinii. Pune roşiile într-un castron mare de servire şi zdrobeşte-le bine cu o furculiţă. Se amestecă usturoiul, busuioc, 1/4 cană ulei, sare şi piper după gust.

3. Tăiaţi vinetele şi ceapa în fâşii subţiri şi adăugaţi-le la roşii.

**4.** Fierbeți cel puțin 4 litri de apă într-o oală mare. Se adauga 2 linguri de sare, apoi pastele. Amesteca bine. Gătiți la foc mare, amestecând des, până când pastele sunt al dente, moi, dar ferme la mușcătură. Rezervați o parte din lichidul de gătit.

**5.** Scurgeți tăițeii. Într-un castron mare de servire, aruncați tăițeii cu legumele. Adăugați puțină apă de gătit dacă pastele par uscate. Adăugați brânză și serviți imediat.

*Penne cu ciuperci, usturoi și rozmarin*

*Penne con fungi*

**Pentru 4 până la 6 porții**

*Puteți folosi orice tip de ciupercă care vă place în această rețetă precum stridii, shiitake, cremini sau ciuperci albe standard. O combinație este deosebit de bună. Dacă aveți cu adevărat ciuperci sălbatice precum morcile, asigurați-vă că le curățați bine pentru că pot fi foarte zgârcite.*

1/4 cană de ulei de măsline

1 kg de ciuperci, feliate subțiri

2 catei mari de usturoi, tocati marunt

2 lingurițe de rozmarin proaspăt tocat foarte fin

Sare și piper negru proaspăt măcinat

1 kilogram de penne sau farfalle

2 linguri de unt nesarat

2 linguri de patrunjel proaspat tocat

1. Într-o tigaie suficient de mare pentru paste, încălziți uleiul la foc mediu. Adăugați ciupercile, usturoiul și rozmarinul. Gatiti, amestecand des, pana cand ciupercile incep sa-si elibereze lichidul, aproximativ 10 minute. Adăugați sare și piper. Gatiti, amestecand des, pana cand ciupercile se rumenesc usor, cam 5 minute mai mult.

2. Fierbeți cel puțin 4 litri de apă într-o oală mare. Se adauga 2 linguri de sare, apoi pastele. Amesteca bine. Gătiți la foc mare, amestecând des, până când pastele sunt al dente, moi, dar ferme la mușcătură. Separați o parte din apa de gătit.

3. Scurgeți tăițeii. Amesteca pastele cu ciuperci, unt si patrunjel intr-o tigaie. Dacă pastele par uscate, adăugați puțină apă de gătit. Serviți imediat.

*Linguine cu sfeclă și usturoi*

*Linguine cu barbabietole*

**Pentru 4 până la 6 porții**

*Pastele și napii pot părea o combinație ciudată, dar a fost preferatul meu de când l-am încercat într-un orășel de pe coasta Emilia-Romagna. Nu numai că este delicios, dar este și unul dintre cele mai frumoase preparate cu paste pe care le cunosc. Toată lumea va fi uimită de culoarea sa uimitoare. Faceți acest lucru la sfârșitul verii și la începutul toamnei, când sfecla proaspătă este cea mai dulce.*

8 sfeclă medie, tăiată

1/3 cană de ulei de măsline

3 catei de usturoi, tocati marunt

Un praf de piper rosu macinat sau dupa gust

Sare

1 kilogram de linguine

1. Așezați un grătar în mijlocul cuptorului. Preîncălziți cuptorul la 450°F. Spălați sfecla și înfășurați-o într-o foaie mare de folie de aluminiu și sigilați bine. Așezați pachetul pe o tavă de copt. Coaceți timp de 45 până la 75 de minute, în funcție de mărime, sau până când sfecla este fragedă la atingere când este străpunsă prin folie cu un cuțit ascuțit. Lasam sfecla sa se raceasca in folie. Curățați și tăiați sfecla cubulețe.

2. Se toarnă uleiul într-un bol suficient de mare pentru a ține pastele fierte. Adăugați usturoiul și ardeiul roșu măcinat. Gatiti la foc mediu pana usturoiul devine maro auriu, aproximativ 2 minute. Adăugați sfecla și aruncați-o în amestecul de ulei până se încălzesc.

3. Fierbeți cel puțin 4 litri de apă într-o oală mare. Se adauga 2 linguri de sare, apoi pastele. Amesteca bine. Gătiți la foc mare, amestecând des, până când pastele sunt al dente, moi, dar ferme la mușcătură.

4. Scurge pastele, lăsând puțin din apa de gătit. Se toarnă linguina în tigaia cu sfecla. Adăugați puțină apă de gătit și gătiți la foc mediu-mare, răsturnând pastele cu o furculiță și

o lingură, până se colorează uniform, aproximativ 2 minute. Serviți imediat.

*Muște cu coadă și verdeață*

*Farfalle cu barbabietole*

**Pentru 4 până la 6 porții**

*Aceasta este o variantăLinguine cu sfeclă și usturoiO rețetă care folosește atât sfeclă, cât și verdeață de sfeclă. Dacă vârfurile sfeclei arată moale sau maro, înlocuiți-le cu o jumătate de kilogram de spanac proaspăt, smog elvețian sau alte verdeață cu frunze.*

1 buchet de sfeclă proaspătă cu blat (4 până la 5 sfeclă)

1/3 cană de ulei de măsline

2 catei mari de usturoi, tocati marunt

Sare și piper negru proaspăt măcinat

1 kilogram de farfalla

4 uncii salată verde ricotta, tocată

1. Așezați un grătar în mijlocul cuptorului. Preîncălziți cuptorul la 450°F. Tăiați verdeața de sfeclă și lăsați-le

deoparte. Spălați sfecla și înfășurați-o într-o foaie mare de folie de aluminiu și sigilați bine. Așezați pachetul pe o tavă de copt. Coaceți timp de 45 până la 75 de minute, în funcție de mărime, sau până când sfecla este fragedă la atingere când este străpunsă prin folie cu un cuțit ascuțit. Lasam sfecla sa se raceasca in folie. Desfaceți folia, apoi curățați și feliați sfecla.

2. Spălați bine legumele și îndepărtați tulpinile dure. Se fierbe o oală mare cu apă. Adăugați legume și sare după gust. Gatiti timp de 5 minute sau pana cand verdeturile sunt aproape fragede. Scurgeți legumele și răciți-le sub jet de apă. Tăiați grosier verdeața.

3. Turnați uleiul într-un castron suficient de mare pentru a ține toate pastele și legumele. Adăugați usturoiul. Gatiti la foc mediu pana usturoiul devine maro auriu, aproximativ 2 minute. Adăugați sfecla și verdeața și un praf de sare și piper. Gatiti, amestecand, aproximativ 5 minute sau pana cand legumele sunt incalzite.

4. Fierbeți cel puțin 4 litri de apă într-o oală mare. Se adauga 2 linguri de sare, apoi pastele. Amesteca bine. Gătiți la foc

mare, amestecând des, până când pastele sunt al dente, moi, dar ferme la mușcătură.

5. Scurge pastele, lăsând puțin din apa de gătit. Adauga pastele in tigaia cu sfecla. Adăugați puțină apă de gătit și gătiți pastele, amestecând constant, până când capătă o culoare uniformă, aproximativ 1 minut. Adăugați brânza și amestecați din nou. Se serveste imediat si se presara generos cu piper negru proaspat macinat.

*Paste cu salata*

*Pasta al Insalata*

**Pentru 4 până la 6 porții**

*Pastele cu salată de legume proaspete sunt un minunat preparat ușor de vară. Am avut asta în timp ce vizitam prietenii din Piemont. Nu o lăsați prea mult timp, altfel legumele își vor pierde gustul și aspectul strălucitor.*

2 rosii medii, tocate

1 bulb mediu de fenicul, tăiat și tăiat în bucăți mici

1 cap mic de ceapa rosie, tocat

1/4 cană de ulei de măsline extravirgin

2 linguri de busuioc, tăiat în fâșii subțiri

Sare și piper negru proaspăt măcinat

2 căni de rucola tăiată, ruptă în bucăți mici

un cot de 1 kilogram

**1.** Într-un castron mare, amestecați roșiile, feniculul, ceapa, uleiul de măsline, busuiocul și sare și piper, după gust. Amesteca bine. Pune rucola deasupra.

**2.** Fierbeți cel puțin 4 litri de apă într-o oală mare. Se adauga 2 linguri de sare, apoi pastele. Gătiți la foc mare, amestecând des, până când pastele sunt al dente, moi, dar ferme la mușcătură. Separați o parte din apa de gătit. Scurgeți tăițeii.

**3.** Amestecați tăițeii cu amestecul de salată. Dacă pastele par uscate, adăugați puțină apă de gătit. Serviți imediat.

*Fusilli cu rosii prajite*

*Fusilli cu Pomodori al Forno*

**Pentru 4 până la 6 porții**

*Roșiile prăjite sunt garnitura mea preferată de acasă, ceva pe care îl servesc cu pește, cotlete de vițel sau fripturi. Într-o zi am pregătit o tigaie mare plină cu mâncare, dar nu aveam ce să servesc în afară de paste uscate. Am acoperit roșiile prăjite și sucul lor cu fusilli proaspăt fierte. O fac tot timpul acum.*

2 kg de roșii coapte (aproximativ 12 până la 14), tăiate în felii de 1/4 inch

3 catei mari de usturoi, tocati marunt

1/2 lingurițe de oregano uscat

Sare și piper negru proaspăt măcinat

1/3 cană de ulei de măsline

1 kilogram de fusil

1/2 cană busuioc proaspăt tocat sau pătrunjel plat

1. Așezați un grătar în mijlocul cuptorului. Preîncălziți cuptorul la 400°F. Ungeți cu ulei o caserolă de 13×9×2 inci sau o tavă de copt.

2. Aranjați jumătate din feliile de roșii în vasul pregătit. Se condimentează după dorință cu usturoi, oregano și sare și piper. Puneți deasupra roșiile rămase. Acoperiți cu ulei.

3. Coaceți până când roșiile sunt moi, 30 până la 40 de minute. Scoateți tava din cuptor.

4. Fierbeți cel puțin 4 litri de apă într-o oală mare. Se adauga 2 linguri de sare, apoi pastele. Amesteca bine. Gătiți la foc mare, amestecând des, până când pastele sunt al dente, moi, dar ferme la mușcătură. Scurge pastele, lăsând puțin din apa de gătit.

5. Pune pastele pe roșiile prăjite și amestecă bine. Adăugați busuiocul sau pătrunjelul și amestecați din nou, adăugând puțină apă de gătit dacă pastele par uscate. Serviți imediat.

*Coate cu cartofi, rosii si rucola*

*La Bandiera*

## Pentru 6 până la 8 porții

*În Puglia, această pastă se numește „steagul" deoarece are culorile roșu, alb și verde ale drapelului italian. Unii bucătari îl fac cu mai mult lichid și îl servesc ca o supă.*

1/4 cană de ulei de măsline

2 catei mari de usuroi, tocati marunt

Un praf de piper rosu macinat

11/2 kilograme de roșii coapte, curățate, fără semințe și tocate (aproximativ 3 căni)

2 linguri de busuioc proaspăt tocat

Sare și piper negru proaspăt măcinat

un cot de 1 kilogram

3 cartofi medii (1 kg), curățați și tăiați în bucăți de 1/2 inch

2 buchete de rucola, tăiate și tăiate în bucăți de 1 inch (aproximativ 4 căni)

1/3 cană de Pecorino Romano proaspăt ras

1. Se toarnă uleiul într-un bol suficient de mare pentru a ține pastele. Adăugați usturoiul și ardeiul roșu măcinat. Gatiti la foc mediu pana usturoiul devine maro auriu, 2 minute.

2. Se adauga rosiile, busuiocul si sare si piper dupa gust. Aduceți la fiert și gătiți, amestecând din când în când, până când sosul se îngroașă ușor, aproximativ 10 minute.

3. Fierbeți cel puțin 4 litri de apă într-o oală mare. Se adauga 2 linguri de sare, apoi pastele. Amesteca bine. Când apa fierbe din nou, amestecați cartofii. Gatiti, amestecand des, pana cand pastele sunt al dente, moi, dar ferme la muscatura.

4. Scurge pastele și cartofi, lăsând puțin din apa de gătit. Amestecați pastele, cartofii și rucola în sosul de roșii care se fierbe încet. Gatiti, amestecand, timp de 1-2 minute sau pana cand pastele si legumele sunt bine acoperite cu sosul. Adăugați puțină apă de gătit dacă tăițeii par uscați.

**5.** Se amestecă brânza şi se serveşte imediat.

*Linguine în stil rustic roman*

*Linguine alla Ciociara*

## Pentru 4 până la 6 porții

*Mi-au fost prezentate aceste paste romane prietenii mei Diane Darrow și Tom Maresca, care scriu despre mâncarea și vinul italian. Numele înseamnă „stilul femeilor țărănești" în dialectul local. Aroma proaspătă, ierboasă a ardeilor verzi face ca aceste paste simple să fie extraordinare.*

1 ardei verde mediu

1/2 cană de ulei de măsline

2 căni de roșii proaspete decojite, fără semințe și tăiate marunt sau conserve de roșii italiene din import, scurse și tocate

1/2 cană de gaeta tocată grosier sau alte măsline negre blânde, uscate în ulei

Sare

Un praf de piper rosu macinat

1 kilogram de linguine sau spaghete

1/2 cană de pecorino romano proaspăt ras

1.Tăiați ardeii în jumătate și îndepărtați tulpina și semințele. Tăiați ardeii pe lungime în felii foarte subțiri, apoi tăiați în treimi transversal.

2.Într-o tigaie suficient de mare pentru spaghetele fierte, se încălzește uleiul la foc mediu. Adăugați roșia, ardeiul, măslinele, sare după gust și ardei roșu măcinat. Aduceți la fiert și gătiți, amestecând din când în când, până când sosul se îngroașă, aproximativ 20 de minute.

3.Fierbeți cel puțin 4 litri de apă într-o oală mare. Se adauga 2 linguri de sare, apoi pastele. Amesteca bine. Gătiți la foc mare, amestecând des, până când pastele sunt al dente, moi, dar ferme la mușcătură. Scurge pastele, lăsând puțin din apa de gătit.

4.Pune pastele în tigaia cu sosul. Se aduce la fierbere și se fierbe la foc mediu-mare timp de 1 minut, adăugând puțină apă de gătit dacă pastele par uscate. Adăugați brânza și amestecați din nou. Serviți imediat.

*Penne cu legume de primăvară și usturoi*

*Penne alla Primavera*

**Pentru 4 până la 6 porții**

*Desi metoda clasica de preparare a sosului Primavera este smantana si untul, este buna si aceasta metoda bazata pe ulei de masline cu aroma de usturoi.*

1⁄4 cană de ulei de măsline

4 catei de usturoi, tocati marunt

8 sparanghel tăiați în bucăți mici

4 ceai, tăiați în felii de 1⁄4 inch

3 dovlecei foarte mici (aproximativ 12 uncii), tăiați în felii de 1⁄4 inch

2 morcovi medii, tăiați în felii de 1⁄4 inch

2 linguri de apa

Sare și piper negru proaspăt măcinat

2 căni de roșii cherry sau struguri mici, tăiate la jumătate

3 linguri de patrunjel proaspat tocat

1/2 cană de pecorino romano proaspăt ras

1. Se toarnă uleiul într-un bol suficient de mare pentru a ține pastele. Adăugați usturoiul și fierbeți la foc mediu timp de 2 minute. Se amestecă sparanghelul, ceapa primăvară, dovlecelul, morcovii, apa și sare și piper după gust. Acoperiți tigaia și reduceți focul. Gătiți până când morcovii sunt aproape fragezi, 5 până la 10 minute.

2. Fierbeți cel puțin 4 litri de apă într-o oală mare. Se adauga 2 linguri de sare, apoi pastele. Amesteca bine. Gătiți la foc mare, amestecând des, până când pastele sunt al dente, moi, dar ferme la mușcătură. Scurge pastele, lăsând puțin din apa de gătit.

3. Adăugați roșiile și pătrunjelul în tigaia cu legumele și amestecați bine. Adăugați pastele și brânza și amestecați din nou, adăugând puțină apă de gătit dacă pastele par uscate. Serviți imediat.

*Paste „trase" cu smântână și ciuperci*

*Paste cu fructe ale pasiunii*

**Pentru 4 până la 6 porții**

*Motivul principal pentru a vizita Torgiano în Umbria este să stai la Le Tre Vaselle, un han rustic încântător cu un restaurant rafinat. Eu și soțul meu am mâncat acolo cu câțiva ani în urmă aceste paste „borcane" neobișnuite. Cojile de paste scurte, ascuțite, numite pennettes, erau gătite direct în sos, în felul risotto-ului. Nu am văzut niciodată paste preparate așa nicăieri.*

*Deoarece tehnica este destul de diferită, asigurați-vă că citiți rețeta înainte de a începe și pregătiți supa și aveți toate ingredientele pregătite înainte de a începe.*

*Vinificatorii familiei Lungarotti dețin Le Tre Vaselle, iar unul dintre roșii lor excelente, precum Rubesco, se asortează perfect cu aceste paste.*

1 ceapa medie, tocata marunt

6 linguri de ulei de măsline

1 liră Pennetta, Ditalini sau Tubetti

2 linguri de coniac

5 căni de fierbinte de casăSupă de carnesausupa de puisau 2 căni de supă conservată amestecată cu 3 căni de apă

8 uncii ciuperci albe feliate

Sare și piper negru proaspăt măcinat

3/4 căni de smântână groasă

1 cană Parmigiano-Reggiano proaspăt ras

1 lingura de patrunjel proaspat tocat

1. Într-o tigaie suficient de mare pentru a ține toate pastele, căliți ceapa în 2 linguri de ulei la foc mediu-mare până când se înmoaie și devine aurie, aproximativ 10 minute. Răzuiți ceapa într-un castron și ștergeți tigaia.

2. Turnați restul de 4 linguri de ulei în tigaie și încălziți la foc mediu. Adaugati taiteii si gatiti, amestecand des, pana cand

taiteii incep sa se rumeneasca, aproximativ 5 minute.
Adăugați coniac și gătiți până se evaporă.

3. Reveniți ceapa în tigaie și amestecați în 2 căni de bulion fierbinte. Reduceți focul la mediu-mare și gătiți, amestecând des, până când cea mai mare parte a bulionului este absorbită. Se mai amestecă 2 căni de bulion. Când cea mai mare parte a lichidului a fost absorbită, amestecați ciupercile. În timp ce continuați să amestecați, adăugați treptat bulionul rămas, după cum este necesar, pentru a menține tăițeii umezi. Adăugați sare și piper.

4. La aproximativ 12 minute după ce începeți să adăugați bulionul, tăițeii trebuie să fie aproape al dente, moi, dar fermi la mușcătură. Se amestecă crema și se fierbe până se îngroașă ușor, aproximativ 1 minut.

5. Luați tigaia de pe foc și amestecați brânza. Se amestecă pătrunjelul și se servește imediat.

*Paste romane cu rosii si mozzarella*

*Paste alla Checca*

**Pentru 4 până la 6 porții**

*Când soțul meu a încercat pentru prima dată această pastă la Roma, i-a plăcut atât de mult încât le-a mâncat aproape în fiecare zi a șederii noastre. Asigurați-vă că folosiți mozzarella proaspătă cremoasă și roșii foarte coapte. Pastele perfecte pentru zilele de vară.*

3 roșii coapte medii

1/4 cană de ulei de măsline extravirgin

1 cățel mic de usturoi, tocat mărunt

Sare și piper negru proaspăt măcinat

20 de frunze de busuioc

1 kilogram Tubetti sau Ditalini

8 uncii de mozzarella proaspătă, tăiată în cuburi mici

**1.** Tăiați roșiile în jumătate și îndepărtați semințele. Stoarceți semințele de roșii. Tăiați roșiile și puneți-le într-un bol suficient de mare încât să țină toate ingredientele.

**2.** Amestecați uleiul, usturoiul, sare și piper după gust. Aranjați frunzele de busuioc și tăiați-le în fâșii subțiri. Se amestecă busuiocul în roșii. Puteți face acest sos în avans și îl păstrați la temperatura camerei până la 2 ore.

**3.** Fierbeți cel puțin 4 litri de apă într-o oală mare. Se adauga 2 linguri de sare, apoi pastele. Amesteca bine. Gătiți la foc mare, amestecând des, până când pastele sunt al dente, moi, dar ferme la mușcătură. Scurgeți tăițeii și serviți cu sos. Adăugați mozzarella și amestecați din nou. Serviți imediat.

*Fusilli cu ton și roșii*

*Fusilli al Tonno*

## Pentru 4 până la 6 porții

*Oricât de mult mă bucur de o friptură bună de ton proaspăt la grătar, cred că, probabil, prefer și mai mult tonul din conserva. Desigur, face sandvișuri și salate excelente, dar italienii îl folosesc în multe alte scopuri, cum ar fi clasicul vitello tonnato (<u>Vițel în sos de ton</u>) pentru carne de vițel sau în formă de plăcintă sau în combinație cu paste, așa cum pregătesc adesea bucătarii sicilieni. Nu folosiți ton umplut cu apă pentru acest sos. Gustul este prea fad și textura prea moale. Pentru cea mai bună aromă și textură, folosiți o marcă bună de ton în măsline din Italia sau Spania.*

3 roșii medii, tocate

1 conserve (7 uncii) de ton italian sau spaniol de import, ambalat în ulei de măsline

10 frunze de busuioc proaspăt, tocate

1⁄2 linguriță oregano uscat, mărunțit

Un praf de piper rosu macinat

Sare

1 kilogram fusilli sau redella

1. Într-un castron mare de servire, aruncați roșiile, tonul cu ulei, busuioc, oregano, boia de ardei și sare după gust.

2. Fierbeți cel puțin 4 litri de apă într-o oală mare. Se adauga 2 linguri de sare, apoi pastele. Amesteca bine. Gătiți la foc mare, amestecând des, până când pastele sunt al dente, moi, dar ferme la mușcătură. Separați o parte din apa de gătit. Scurgeți tăițeii.

3. Serviți tăițeii cu sosul. Dacă pastele par uscate, adăugați puțină apă de gătit. Serviți imediat.

*Linguine cu pesto sicilian*

*Linguine al Pesto Trapanese*

**Pentru 4 până la 6 porții**

*Sosul pesto este de obicei asociat cu Liguria, dar este vorba mai ales despre tipul de busuioc și usturoi. Pesto în italiană se referă la orice a fost bătut, tocat sau făcut piure, așa că acest sos este de obicei făcut în Trapani, un oraș de coastă din vestul Siciliei.*

*Acest fel de mâncare are multă aromă; nu este nevoie de brânză.*

1/2 cană migdale albite

2 catei mari de usturoi

1/2 cană frunze proaspete de busuioc la pachet

Sare și piper negru proaspăt măcinat

1 kilogram de roșii proaspete, curățate, fără semințe și tocate

1/3 cană de ulei de măsline extravirgin

1 kilogram de linguine

1. Într-un robot de bucătărie sau blender, amestecați migdalele, usturoiul, busuiocul și sare și piper după gust. Tăiați mărunt ingredientele. Se adauga rosiile si uleiul si se amesteca pana se omogenizeaza.

2. Fierbeți cel puțin 4 litri de apă într-o oală mare. Adaugati 2 linguri de sare, apoi adaugati taiteii si presati usor pana cand taiteii sunt complet scufundati in apa. Amesteca bine. Gătiți la foc mare, amestecând des, până când pastele sunt al dente, moi, dar ferme la mușcătură. Separați o parte din apa de gătit. Scurgeți tăițeii.

3. Turnați tăițeii într-un castron mare de servire cald. Adăugați sosul și amestecați bine. Adăugați puțină apă pentru paste dacă tăițeii par uscați. Serviți imediat.

*Spaghete cu pesto „nebun".*

*Spaghete cu pesto Matto*

**Pentru 4 până la 6 porții**

*Această rețetă este adaptată din broșura „Plăcerile gătirii pastelor" publicată de Compania Agnesi Pasta din Italia. Rețetele au fost depuse de bucătari locali, iar autorul acestei rețete a improvizat probabil acest pesto netradițional (de unde și numele).*

2 roșii mijlocii coapte, curățate de coajă, fără semințe și tocate

1/2 cani de masline negre tocate

6 frunze de busuioc stivuite și tăiate în fâșii subțiri

1 lingura de cimbru proaspat tocat

1/4 cană de ulei de măsline

Sare și piper negru proaspăt măcinat

1 kilogram spaghete sau linguine

4 uncii de brânză moale de capră proaspătă

1. Într-un castron mare, amestecați roșiile, măslinele, busuiocul, cimbrul, uleiul și sare și piper după gust.

2. Fierbeți cel puțin 4 litri de apă într-o oală mare. Adaugati 2 linguri de sare, apoi adaugati taiteii si presati usor pana cand taiteii sunt complet scufundati in apa. Amesteca bine. Gatiti la foc mare, amestecand des, pana cand taiteii sunt fragezi. Scurgeți tăițeii.

3. Puneti pastele cu rosiile intr-un bol si amestecati bine. Adăugați brânză de capră și amestecați din nou. Serviți imediat.

*Muște cu sos puttanesca nefiertă*

*Farfalle alla Puttanesca*

## Pentru 4 până la 6 porții

*Ingredientele din acest sos pentru paste sunt similare cu cele pentru <u>Linguine cu hamsii si sos de rosii picant</u>, dar gustul este destul de diferit deoarece acest sos nu necesită gătit.*

1 litru de roșii cherry sau struguri, tăiate la jumătate

6 până la 8 fileuri de hamsii, tocate

1 cățel mare de usturoi, tocat foarte fin

½ cană de gaeta curățată și tocată sau alte măsline negre blânde

¼ cană pătrunjel plat proaspăt tocat mărunt

2 linguri de capere, spalate si tocate

½ lingurițe de oregano uscat

¼ cană de ulei de măsline extravirgin

Adăugați sare după gust

Un praf de piper rosu macinat

1 kilogram farfalle sau fettuccine uscate

1. Într-un castron mare de servire, combinați roșiile, anșoa, usturoiul, măslinele, pătrunjelul, caperele, oregano, uleiul, sare și piper. Se lasa la temperatura camerei timp de 1 ora.

2. Fierbeți cel puțin 4 litri de apă într-o oală mare. Se adauga 2 linguri de sare, apoi pastele. Amesteca bine. Gatiti la foc mare, amestecand des, pana cand taiteii sunt fragezi. Separați o parte din apa de gătit. Scurgeți tăițeii.

3. Serviți tăițeii cu sosul. Dacă pastele par uscate, adăugați puțină apă de gătit. Serviți imediat.

*Paste cu legume crude*

*Paste alla Crudaiola*

**Pentru 4 până la 6 porții**

*Țelina adaugă o aromă curată și ușoară acestor paste ușoare de vară cu suc de lămâie.*

2 kilograme de rosii coapte, curatate de coaja, fara samburi si tocate

1 catel de usturoi, tocat foarte fin

1 cană coaste moi de țelină, tăiate subțiri

1/2 cană frunze de busuioc, stivuite și feliate subțiri

1/2 cană de gaeta sau alte măsline negre blânde, fără sâmburi și tocate

1/4 cană de ulei de măsline extravirgin

1 lingura de suc de lamaie

Sare și piper negru proaspăt măcinat

1 kilogram fusilla sau gemelli

1. Puneti rosiile, usturoiul, telina, busuiocul si maslinele intr-un castron mare si amestecati bine. Asezonați după gust cu ulei, suc de lămâie și sare și piper.

2. Fierbeți cel puțin 4 litri de apă într-o oală mare. Se adauga 2 linguri de sare, apoi pastele. Amesteca bine. Gatiti la foc mare, amestecand des, pana cand taiteii sunt fragezi. Scurge pastele, apoi amestecă rapid bine cu sosul. Serviți imediat.

*„Grăbește-te" spaghete*

*Spaghetti Sciue' Sciue'*

**Pentru 4 până la 6 porții**

*Roșiile mici au o aromă mare de roșii și sunt relevante pe tot parcursul anului. Roșiile cherry funcționează bine și în această rețetă. Termenul napolitan sciue' sciue' (pronunțat shoo-ay, shoo-ay) înseamnă „grăbește-te", iar acest sos se prepară rapid.*

¼ cană de ulei de măsline

3 catei de usturoi, feliati subtiri

Un praf de piper rosu macinat

3 căni de roșii struguri sau roșii cherry, tăiate la jumătate

Sare

Un praf de oregano uscat, maruntit

1 kilogram de spaghete

1. Se toarnă uleiul într-un bol suficient de mare pentru a ține pastele fierte. Adăugați usturoiul și ardeiul roșu. Gatiti la foc mediu-mare pana usturoiul devine usor auriu, aproximativ 2 minute. Se adauga rosiile, sare dupa gust si oregano. Gatiti, amestecand o data sau de doua ori, timp de 10 minute sau pana cand rosiile sunt moi si sucul s-a ingrosat putin. Opriți încălzitorul.

2. Fierbeți cel puțin 4 litri de apă într-o oală mare. Adaugati 2 linguri de sare, apoi adaugati taiteii si presati usor pana cand taiteii sunt complet scufundati in apa. Amesteca bine. Gătiți la foc mare, amestecând des, până când pastele sunt al dente, moi, dar ferme la mușcătură. Scurge pastele, lăsând puțin din apa de gătit.

3. Adauga pastele in tigaia cu sosul de rosii. Măriți căldura și gătiți, amestecând, timp de 1 minut. Dacă pastele par uscate, adăugați puțină apă de gătit. Serviți imediat.

*„Supărată" Penne*

*Sos Arrabbiata*

**Pentru 4 până la 6 porții**

*Acest penne în stil roman este numit „picant" din cauza aromei acidulate a sosului de roșii. Folosiți cât de mult sau cât de puțin ardei roșu măcinat doriți. Aceste paste sunt de obicei servite fără brânză.*

1/4 cană de ulei de măsline

4 catei de usturoi, usor macinati

Piper rosu macinat dupa gust

2 kg de roșii proaspete, curățate, fără semințe și tocate sau 1 cutie (28 uncii) de roșii italiene importate, scurse și tocate

2 frunze de busuioc proaspat

Sare

1 kilogram de penne

1. Se toarnă uleiul într-un bol suficient de mare încât să țină toate pastele. Adăugați usturoiul și ardeiul și gătiți până când usturoiul capătă o culoare aurie, aproximativ 5 minute. Scoateți usturoiul.

2. Se adauga rosiile, busuiocul si sare dupa gust. Se fierbe timp de 15 până la 20 de minute sau până când sosul se îngroașă.

3. Fierbeți cel puțin 4 litri de apă într-o oală mare. Se adauga 2 linguri de sare, apoi pastele. Amesteca bine. Gătiți la foc mare, amestecând des, până când pastele sunt al dente, moi, dar ferme la mușcătură. Separați o parte din apa de gătit. Scurgeți tăițeii.

4. Transferați penne-urile în tigaie și puneți-le bine la foc mare. Dacă pastele par uscate, adăugați puțină apă de gătit. Serviți imediat.

*Rigatoni cu ricotta si sos de rosii*

*Rigatoni cu ricotta și salsa di pomodoro*

**Pentru 4 până la 6 porții**

*Acesta este un mod de modă veche din sudul Italiei de a servi pastele care este destul de irezistibil. Unii bucătari le place să asezoneze pastele doar cu sosul de roșii și apoi să servească ricotta separat, în timp ce altora le place să amestece totul înainte de servire. Alegerea ta.*

21/2 cani sos de rosii

1 kilogram rigatoni, scoici sau cavatelli

Sare

1 cană de ricotta integrală sau parțial degresată la temperatura camerei

Pecorino Romano sau Parmigiano-Reggiano proaspăt ras după gust

**1.** Dacă este necesar, pregătiți sosul. Fierbeți cel puțin 4 litri de apă într-o oală mare. Se adauga 2 linguri de sare, apoi pastele. Amesteca bine. Gătiți la foc mare, amestecând des, până când pastele sunt al dente, moi, dar ferme la mușcătură.

**2.** În timp ce pastele se fierb, fierbeți sosul dacă este necesar.

**3.** Turnați o parte din sosul fierbinte într-un castron de servire încălzit. Scurgeți tăițeii și adăugați în bol. Amestecați imediat și adăugați mai mult sos dacă doriți. Adăugați ricotta și amestecați bine. Se macină brânza rasă separat. Serviți imediat.

*Fluture fundite cu roșii cherry și pesmet*

*Farfalle al Pomodorini și Briciole*

**Pentru 4 până la 6 porții**

*Aceste paste sunt în prezent foarte la modă în Italia. Se serveste cu putin ulei de masline extravirgin.*

6 linguri de ulei de măsline

1 kilogram de roșii cherry sau struguri, tăiate la jumătate pe lungime

½ cană pesmet uscat simplu

¼ căni de pecorino romano proaspăt ras

2 linguri de patrunjel proaspat tocat

Sare și piper negru proaspăt măcinat

1 kilogram de farfalla

Ulei de măsline extra virgin

1. Așezați un grătar în mijlocul cuptorului. Preîncălziți cuptorul la 350°F. Stropiți 4 linguri de ulei într-o tavă de copt de 13×9×2 inci. Aranjați roșiile cu partea tăiată în sus în tigaie.

2. Într-un castron mic, amestecați pesmetul, brânza, pătrunjelul, restul de 2 linguri de ulei de măsline și sare și piper, după gust. Presaram pesmetul peste rosii. Coaceți timp de 30 de minute sau până când roșiile sunt moi și firimiturile sunt ușor prăjite.

3. Fierbeți cel puțin 4 litri de apă într-o oală mare. Se adauga 2 linguri de sare, apoi pastele. Amesteca bine. Gatiti la foc mare, amestecand des, pana cand pastele sunt fragede, dar putin fierte. Scurge pastele si adauga in tigaia cu rosiile si putin ulei de masline extravirgin. Serviți imediat.

*Midii umplute*

*Conchiglie Ripiene*

**Pentru 6 până la 8 porții**

*Bolurile de paste Jumbo arată ca niște nave care navighează într-o mare de sos de roșii. Datorită umpluturii bogate, această rețetă este suficientă pentru 6 până la 8 porții. Aceste cochilii sunt grozave pentru divertisment.*

Aproximativ 4 căni de sos de roșii sau raguut preferat,

Sare

1 pachet (12 uncii) boluri mari

2 kilograme de ricotta integrală sau parțial degresată

8 uncii de mozzarella proaspătă, mărunțită

1 cană Parmigiano-Reggiano proaspăt ras

2 linguri de patrunjel proaspat tocat

1 ou, batut usor

Piper negru proaspăt măcinat

1. Dacă este necesar, pregătiți sosul. Fierbeți cel puțin 4 litri de apă într-o oală mare. Se adauga 2 linguri de sare, apoi pastele. Amesteca bine. Gatiti la foc mare, amestecand des, pana cand taiteii sunt fierti pe jumatate, flexibili, dar inca foarte fermi. Scurgeți tăițeii și puneți-i într-un castron mare cu apă rece.

2. Amesteca ricotta, mozzarella, 1/2 cana parmigiano, patrunjel, ou, sare si piper dupa gust.

3. Așezați un grătar în mijlocul cuptorului. Preîncălziți cuptorul la 350°F. Turnați un strat subțire de sos într-un vas rezistent la cuptor suficient de mare pentru a ține crusta într-un singur strat. Scurgeți bine cojile de tăiței și uscați-le. Umpleți midiile cu amestecul de brânză și puneți-le una lângă alta într-un vas. Se pune peste sosul rămas. Se presară cu 1/2 cană de brânză rămasă.

4. Coaceți midiile timp de 25 până la 30 de minute sau până când sosul începe să clocotească și cojile sunt încălzite.

*Spaghete cu pecorino și piper*

*Spaghetti Cacio e Pepe*

**Pentru 4 până la 6 porții**

*Pastele uscate au început să fie produse comercial în Napoli în secolul al XIV-lea. Un producător de tăiței era cunoscut sub numele de Vermicellaio, iar tăițeii au fost denumiți cu numele generic Vermicelli, adică „viermi mici", deoarece majoritatea tăițeilor erau transformați în fire lungi.*

*Romanii fac aceste paste rapide cu mult piper negru și pecorino romana. Pentru acest fel de mâncare cu atât de puține ingrediente, folosiți brânză pecorino proaspătă de bună calitate și radeți-o chiar înainte de servire pentru cea mai bună aromă.*

Sare

1 kilogram spaghete sau linguine

2 linguri ulei de masline extravirgin

1 lingura de piper negru macinat grosier

1 cană de pecorino romano proaspăt ras

1. Fierbeți cel puțin 4 litri de apă într-o oală mare. Adaugati 2 linguri de sare, apoi adaugati taiteii si presati usor pana cand taiteii sunt complet scufundati in apa. Amesteca bine. Gatiti la foc mare, amestecand des, pana cand pastele sunt al dente, moi, dar tot al dente. Scurge pastele, lăsând puțin din apa de gătit.

2. Într-un castron mare de servire, amestecați pastele cu uleiul, piperul, jumătate din brânză și puțină apă de gătit până când brânza se topește. Amestecați din nou pastele cu brânza rămasă. Serviți imediat.

*Linguine cu lamaie*

*Linguine al Limone*

**Pentru 4 până la 6 porții**

*Ingredientele pentru această rețetă - paste, unt, lămâie și brânză - ar putea fi o natură moartă italiană. Acest lucru este atât de ușor; Puteți face sosul în timp ce pastele se gătesc. Ca o variantă, adăugați busuioc tocat sau pătrunjel la paste chiar înainte de servire.*

1 baton (4 uncii) unt nesarat

Coaja rasă a unei lămâi

2 linguri de suc proaspăt de lămâie

Sare

Piper negru proaspăt măcinat

1 kilogram de linguine

3/4 cani de Parmigiano-Reggiano proaspăt ras

**1.** Într-o tigaie suficient de mare încât să țină toate pastele, se topește untul la foc mediu. Se ia de pe foc si se condimenteaza cu zeama si coaja de lamaie, un praf de sare si piper.

**2.** Fierbeți cel puțin 4 litri de apă într-o oală mare. Adaugati 2 linguri de sare, apoi adaugati taiteii si presati usor pana cand taiteii sunt complet scufundati in apa. Amesteca bine. Gatiti la foc mare, amestecand des, pana cand pastele sunt al dente, moi, dar tot al dente. Scurge pastele, lăsând puțin din apa de gătit.

**3.** Adăugați tăițeii în sos și amestecați bine. Adăugați brânza și amestecați din nou. Amestecați o linguriță sau două de apă de gătit dacă pastele par uscate. Serviți imediat.

*Linguine cu ricotta și ierburi*

*Linguine cu ricotta și moștenire Fini*

**Pentru 4 până la 6 porții**

*Acesta este unul dintre cele mai rapide preparate cu paste pe care le-am făcut vreodată și un fel de mâncare delicios de vară. Se serveste cu salata de rosii proaspete si ceapa rosie.*

1 kilogram de linguine

Sare

1/4 cană de ulei de măsline extravirgin

2 linguri de arpagic proaspăt tocat

2 linguri de patrunjel plat proaspat tocat marunt

1 lingura de cimbru proaspat tocat

1 lingurita de frunze proaspete de rozmarin tocate

1 cană de ricotta integrală sau parțial degresată

Piper negru proaspăt măcinat

1. Fierbeți cel puțin 4 litri de apă într-o oală mare. Adaugati 2 linguri de sare, apoi adaugati taiteii si presati usor pana cand taiteii sunt complet scufundati in apa. Amesteca bine. Gătiți la foc mare, amestecând des, până când pastele sunt al dente, moi, dar ferme la mușcătură. Scurge pastele, lăsând puțin din apa de gătit.

2. Într-un castron mare de servire, amestecați pastele cu uleiul şi ierburile. Adăugați ricotta şi o cantitate generoasă de piper negru şi amestecați din nou. Dacă pastele par uscate, adăugați puțină apă de gătit. Serviți imediat.

*O prajitura satioasa*

*Salată de paste frolla*

## Face o crustă de plăcintă de 9 până la 10 inci

*Brânza, ouăle și legumele pot fi făcute într-o prăjitură savuroasă asemănătoare quiche. Aceste plăcinte sunt bune la temperatura camerei sau fierbinți și pot fi servite ca piatto unico - o masă cu un fel - sau ca aperitiv. Acest produs de patiserie este bun pentru tot felul de prăjituri sărate.*

*Tavalez acest aluat intre doua foi de folie transparenta. Împiedică aluatul să se lipească de tablă și de sucitor, eliminând nevoia de a adăuga mai multă făină care poate face aluatul mai dur. Pentru a menține crusta crocantă pe fund, gătesc parțial crusta înainte de a adăuga umplutura.*

1 1/2 cani de făină universală

1 lingurita de sare

1/2 cană (1 baton) unt nesărat la temperatura camerei

1 galbenus de ou

3 până la 4 linguri de apă cu gheață

1. Pregătiți aluatul: Amestecați făina și sarea într-un castron mare. Folosind un mixer de aluat sau o furculiță, tăiați untul până când amestecul seamănă cu firimituri grosiere.

2. Bate galbenusurile cu 2 linguri de apa pana devine spuma. Se presara amestecul peste faina. Se amestecă ușor până când aluatul este umezit uniform și se îmbină fără să se lipească. Dacă este necesar, adăugați apa rămasă.

3. Modelați aluatul într-un disc. Înfășurați în folie de plastic. Se da la frigider pentru 30 de minute sau peste noapte.

4. Dacă aluatul a fost la frigider peste noapte, lăsați-l la temperatura camerei timp de 20 până la 30 de minute înainte de a-l întinde. Puneți aluatul între două foi de folie de plastic și rulați într-un cerc de 12 inci, întorcând aluatul și mișcând folia de plastic cu fiecare rotire. Îndepărtați stratul superior de folie de plastic. Folosiți foaia rămasă pentru a ridica aluatul și centrați aluatul, cu partea de plastic în sus, într-o tavă de tartă de 9-10 inci cu fund

detașabil. Desprindeți folia de plastic. Apăsați ușor aluatul pe fund și pe părțile laterale.

5. Rulați partea de sus a tigaii cu un sucitor și tăiați excesul de aluat. Apăsați aluatul de marginea tăvii pentru a crea o margine mai înaltă decât marginea tăvii. Răciți crusta de aluat la frigider timp de 30 de minute.

6. Puneți grătarul în treimea inferioară a cuptorului. Preîncălziți cuptorul la 450°F. Folosind o furculiță, înțepați partea de jos a crustei de plăcintă la intervale de 1 inch. Coaceți 5 minute, apoi înțepați din nou aluatul. Coaceți până se întărește, încă 10 minute. Scoateți vasul din cuptor. Se lasa la racit pe un gratar timp de 10 minute.

*Tarta cu spanac si ricotta*

*Crostata de spanac*

**Pentru 8 portii**

*Am luat o prăjitură ca asta la Ferrari, un restaurant preferat din Roma. Un fel de quiche, cu ricotta pentru un plus de cremositate. Este un preparat excelent pentru prânz sau o gustare, servit cu o salată și un vin pinot gris răcit.*

    1 reteta0 prajitura satioasa

**încărca**

1 kilogram de spanac, tăiat și spălat

1/4 cană de apă

1 1/2 cani de ricotta intreaga sau semi-degresata

1/2 cană smântână groasă

3/4 cani de Parmigiano-Reggiano proaspăt ras

2 ouă mari, bătute

¼ lingurițe de nucșoară proaspăt rasă

Sare și piper negru proaspăt măcinat

1. Pregătiți crusta și coaceți-o parțial. Reduceți temperatura cuptorului la 375°F.

2. Între timp, pregătiți umplutura. Puneti spanacul si apa intr-o oala mare la foc mediu. Acoperiți și gătiți timp de 2 până la 3 minute sau până când se ofilesc și se înmoaie. Scurgeți și răciți. Înfășurați spanacul într-o cârpă fără scame și stoarceți cât mai multă apă posibil. Se toaca marunt spanacul.

3. Într-un castron mare, amestecați spanacul, ricotta, smântâna, brânza, ouăle, nucșoara și sare și piper după gust. Răzuiți amestecul în crusta de plăcintă pregătită.

4. Coaceți timp de 35 până la 40 de minute sau până când umplutura se întărește și se rumenește ușor.

5. Răciți prăjitura în formă timp de 10 minute. Scoateți marginea exterioară și puneți tarta pe o farfurie de servire. Se serveste cald sau la temperatura camerei.

*Tarta cu praz*

*Porri Crostata*

**Pentru 6 până la 8 porții**

*Am mâncat această prăjitură într-o enoteca sau wine bar din Bologna. Gustul de nucă de parmigiano și smântână sporește gustul dulce al prazului. În loc de praz, se poate prepara cu ciuperci sau ardei înăbușiți.*

1 retetaO prajitura satioasa

**încărca**

4 praz mediu, aproximativ 1 1/4 kilograme

3 linguri de unt nesarat

Sare

2 ouă mari

3/4 căni de smântână groasă

1/3 cană Parmigiano-Reggiano proaspăt ras

Nucşoară proaspăt rasă

Piper negru proaspăt măcinat

1. Pregătiți crusta și coaceți-o parțial. Reduceți temperatura cuptorului la 375°F.

2. Pregătiți umplutura: tăiați rădăcina și majoritatea vârfurilor verzi ale prazului. Tăiați-le în jumătate pe lungime și clătiți-le bine sub apă rece între fiecare strat. Tăiați prazul în cruce în felii subțiri.

3. Topiți untul într-o tigaie mare la foc mediu. Se adauga prazul si un praf de sare. Gătiți, amestecând des, până când prazul este fraged când este străpuns cu un cuțit, aproximativ 20 de minute. Scoateți tigaia de pe aragaz și lăsați-o să se răcească.

4. Într-un castron mediu, bateți ouăle, smântâna, brânza și un praf de nucşoară. Se amestecă prazul și piperul după gust.

5. Răzuiți amestecul în crusta de plăcintă parțial coaptă. Coaceți timp de 35 până la 40 de minute sau până când

umplutura este fixată. Se serveste cald sau la temperatura camerei.

*Sandvișuri cu mozzarella, busuioc și ardei prăjit*

*Panini cu mozzarella*

**Pentru 2 portii**

*Uneori fac acest sandviș, în loc de busuioc cu rucola și ardei cu prosciutto.*

4 uncii de brânză mozzarella proaspătă, tăiată în 8 felii

4 felii de paine de casa

4 frunze de busuioc proaspăt

1/4 cană de ardei roșu sau galben prăjit, tăiat în fâșii subțiri

1. Tăiați feliile de mozzarella pentru a se potrivi cu pâinea. Când mozzarella este umedă, se usucă. Pune jumătate din brânză într-un strat pe două felii de pâine.

2. Peste branza se intinde busuiocul si frunzele de boia si se acopera cu mozzarella ramasa. Puneți restul de pâine deasupra și apăsați ferm cu mâinile.

**3.** Încinge presa de sandvici sau tigaie pentru grătar pe aragaz. Pune sandvişurile în presă şi coace până se rumeneşte, aproximativ 4 până la 5 minute. Dacă utilizaţi o tigaie pentru grătar, puneţi pe ea o greutate mare, de exemplu tigaie B. Întoarceţi sandvişurile când sunt aurii pe o parte, acoperiţi cu o greutate şi prăjiţi cealaltă parte. Se serveste fierbinte.

*Sandvișuri cu spanac și robiola*

*Panino di Spinaci și Robiola*

**Pentru 2 portii**

*Focaccia conferă paninilor presați un gust și o textură plăcute. Spanacul poate fi înlocuit cu alte legume cu frunze sau se pot folosi legume rămase. Pentru brânză îmi place să folosesc Robiola, o brânză moale cremoasă făcută din lapte de vacă, de capră sau de oaie sau o combinație de Piemont și Lombardia. Alte opțiuni includ brânză proaspătă de capră sau chiar brânză bătută. Adăugați o picătură sau două de ulei de trufe la umplutură pentru o aromă de pământ și o notă de lux.*

1 pachet (10 uncii) spanac proaspăt

4 uncii robiola proaspătă sau înlocuitor de brânză de capră

ulei de trufe (optional)

2 porții de focaccia proaspătă în pătrate sau felii

1. Pune spanacul într-o oală mare cu 1/4 cană apă la foc mediu-mare. Acoperiți și gătiți timp de 2 până la 3 minute

sau până când se ofilesc şi se înmoaie. Scurgeţi şi răciţi. Înfăşuraţi spanacul într-o cârpă fără scame şi stoarceţi cât mai multă apă posibil.

2. Tăiaţi mărunt spanacul şi puneţi-l într-un castron de mărime medie. Adăugaţi brânza şi zdrobiţi spanacul în brânză. Dacă doriţi, adăugaţi o picătură sau două de ulei de trufe.

3. Folosind un cuţit lung zimţat, tăiaţi cu grijă focaccia în jumătate, orizontal. Întindeţi amestecul pe interiorul jumătăţilor inferioare ale focacciai. Puneţi capacele pe sandvişuri şi aplatizaţi-le uşor.

4. Încinge presa de sandvici sau tigaie pentru grătar pe aragaz. Dacă folosiţi o presă, puneţi sandvişurile în presă şi coaceţi până se prăjesc, aproximativ 4 până la 5 minute. Dacă folosiţi o tigaie, aşezaţi sandvişurile pe tavă şi apoi pe o greutate mare, cum ar fi o piatră. B. pan, pe ea.

5. Când s-au rumenit pe o parte, întoarcem sandvişurile, acoperim cu o greutate şi prăjim cealaltă parte. Se serveste fierbinte.

*Sandviș Riviera*

*Panino della Riviera*

**Pentru 4 portii**

*Granița geografică dintre Italia și Franța nu înseamnă o diferență în ceea ce privește alimentele consumate de ambele părți. Datorită climei și locației geografice similare, oamenii care locuiesc pe coastele italiene și franceze împărtășesc obiceiuri alimentare foarte asemănătoare. Un exemplu în acest sens este pan bagnat francez și pane bagnato italian, care înseamnă „pâine scăltată" și este uneori numit sandvișul Riviera în Italia. Scăldat într-un sos de vinegretă vibrant, acest sandviș consistent este umplut cu ton și ardei prăjiți. Pe partea italiană a graniței, mozzarella înlocuiește tonul și se adaugă hamsii, dar restul este în mare parte la fel. Acesta este sandvișul perfect pentru picnic,*

1 pâine italiană, de aproximativ 12 inci lungime

**bandaj**

1 catel de usturoi, tocat foarte fin

¹⁄4 cană de ulei de măsline

2 linguri de otet

¹⁄2 linguriță oregano uscat, mărunțit

Sare și piper negru proaspăt măcinat

2 roșii coapte, tăiate felii

1 (2 uncii) cutie de hamsii

8 uncii de mozzarella feliată

2 ardei prăjiți decojiți și curățați cu sucul lor

12 masline fara samburi si tocate in ulei

1. Tăiați pâinea în jumătate pe lungime și scoateți pâinea moale din interior.

2. Amestecați ingredientele pentru dressing într-un castron mic și turnați jumătate din dressing peste părțile tăiate ale pâinii. Pe jumătatea inferioară a pâinii se pune roșiile, anșoa, mozzarella, ardeii prăjiți și măslinele și ungeți fiecare strat cu puțin dressing.

**3.** Puneți vârful pe sandviș și apăsați împreună. Înfășurați în folie și acoperiți cu o scândură sau o tigaie grea. Se lasa la temperatura camerei pana la 2 ore sau se da la frigider peste noapte.

**4.** Tăiați în sandvișuri late de 3 inci. Se serveste la temperatura camerei.

*Sandvișuri cu triunghiuri de ton și ardei prăjiți*

*Tramezzini al Tonno și pepperoni*

**Face 3 sandvișuri**

*Unele dintre aceleași arome ale sandvișului savuros Riviera se găsesc în acest delicios sandviș triunghiular pe care l-am încercat la o cafenea romană preferată. Tonul a fost aromat cu semințe de fenicul, dar îmi place să înlocuiesc polenul de fenicul, care nu este altceva decât semințe de fenicul măcinat, dar are mai multă aromă. Astăzi, este folosit de mulți bucătari și poate fi găsit în delicatese specializate în ierburi uscate și pe site-uri web. Dacă nu găsiți polen de fenicul, înlocuiți-l cu semințe de fenicul, pe care le puteți măcina singur într-o râșniță de condimente sau le puteți toca cu un cuțit.*

1 ardei rosu prajit mic, scurs si taiat fasii subtiri

Ulei de măsline extra virgin

Sare

1 conserve (3 1/2 uncie) de ton italian învelit în ulei de măsline

2 linguri de maioneza

1 până la 2 lingurițe de suc proaspăt de lămâie

1 lingura de ceapa primavara tocata

1 lingurita de polen de fenicul

4 felii de paine alba de calitate pentru sandviciuri

1. Amesteca ardeiul prajit cu putin ulei si sare.

2. Scurge tonul și pune-l într-un castron. Pisează bine tonul cu o furculiță. Se amestecă maioneza, sucul de lămâie după gust și ceapa primăvară.

3. Întindeți tonul pe două felii de pâine. Deasupra puneți fasii de boia. Acoperiți cu restul de pâine și apăsați ușor.

4. Tăiați crusta pâinii cu un cuțit mare de bucătar. Tăiați sandvișurile în jumătate în diagonală pentru a face două triunghiuri. Se servește imediat sau se acoperă strâns cu folie de plastic și se dă la frigider până când este gata de servire.

*Sandvișuri cu prosciutto și un triunghi de smochine*

*Prosciutto și fiche tramezzini*

### Face 2 sandvișuri

*Salinitatea prosciutto-ului și dulceața gemului de smochine creează un contrast plăcut în acest sandviș. Este foarte potrivit ca aperitiv daca il tai in sferturi. Serviți cu Prosecco spumos.*

Unt nesarat, la temperatura camerei

4 felii de paine alba de calitate pentru sandviciuri

Aproximativ 2 linguri de gem de smochine

4 felii subțiri de prosciutto italian de import

1. Întindeți puțin unt pe o parte a fiecărei felii de pâine. Întindeți aproximativ 2 lingurițe de dulceață de smochine peste unt pe fiecare felie.

2. Pune două felii de prosciutto pe jumătate din felii. Puneți feliile de pâine rămase cu gemul cu fața în jos pe prosciutto.

**3.** Tăiați crusta pâinii cu un cuțit mare de bucătar. Tăiați sandvișurile în jumătate în diagonală pentru a face două triunghiuri. Se serveste imediat sau se acopera cu folie alimentara si se da la frigider.

*Mere coapte Amaretto*

*Mele al'Amaretto*

**Face 6 portii**

*Amaretto este un lichior dulce; Amaretti sunt biscuiți crocanți. Aceste două produse italiene sunt aromate cu două tipuri de migdale - soiul familiar plus o migdală ușor amară care nu se consumă singură, deși în Italia este de obicei folosită pentru aromatizarea deserturilor. Amaro înseamnă „amar", iar lichiorul și biscuiții au fost numite după aceste migdale. Ambele sunt disponibile pe scară largă - biscuiți în magazinele de specialitate și prin corespondență și lichior în multe magazine de băuturi alcoolice.*

*Cea mai cunoscută marcă de biscuiți, Amaretti, este ambalată în cutii sau cutii roșii recunoscute. Fursecurile sunt împachetate în perechi în hârtie de mătase de culori pastelate. Există și alte mărci de amaretti care pun fursecuri într-o pungă. Întotdeauna am amaretti în casă. Au o durată lungă de valabilitate și sunt plăcute cu o ceașcă de ceai sau ca ingredient în multe preparate dulci și sărate.*

*Golden delicious sunt merele pe care îmi place cel mai mult să le coac. Cele din cultura domestica sunt dulci si crocante, dar si la copt isi pastreaza forma.*

6 mere coapte, de ex. B.Golden Delicious

6 biscuiti amaretti

6 linguri de zahar

2 linguri de unt nesarat

6 linguri de amaretto sau rom

1. Aşezaţi un grătar în mijlocul cuptorului. Preîncălziţi cuptorul la 375°F. Ungeţi un vas rezistent la cuptor suficient de mare pentru ca merele să stea în poziţie verticală.

2. Scoateţi seminţele de măr şi curăţaţi merele la aproximativ două treimi din distanţa de tulpină.

3. Puneţi biscuiţii amaretti într-o pungă de plastic şi zdrobiţi-i uşor cu un obiect greu, de exemplu B. un sucitor. Într-un castron mediu, amestecaţi firimiturile cu zahărul şi untul.

4. Pune puțin din amestec în centrul fiecărui măr. Se toarnă amaretto peste mere. Turnați 1 cană de apă în jurul merelor.

5. Coaceți timp de 45 de minute sau până când merele sunt fragede când sunt străpunse cu un cuțit. Se serveste cald sau la temperatura camerei.

*plăcinta cu mere a lui Livija*

*Torta di Mele alla Livia*

**Pentru 8 portii**

*Prietena mea Livia Colantonio locuiește în Umbria la o fermă numită Podernovo. Ferma creşte bovine Chianina, cultivă diverși struguri și îmbuteliază vin sub eticheta Castello delle Regine.*

*Oaspeții se pot caza într-una dintre pensiile frumos renovate din Podernovo, la doar 45 de minute de Roma, și se pot bucura de o vacanță relaxantă. Livia face acest „tort" simplu, dar senzațional, care are întotdeauna un gust grozav după o masă de toamnă sau iarnă. Nu este o prăjitură în sensul tradițional, este făcută aproape în întregime din mere, cu doar câteva firimituri de biscuiți între straturi pentru a absorbi o parte din sucurile de fructe. Se serveste cu niste frisca sau rom si inghetata cu stafide.*

*Veți avea nevoie de o tigaie rotundă sau o caserolă de 9 inci lățime și 3 inci adâncime. Folosiți o tavă de prăjitură, o oală sau o tavă, dar nu o tavă cu arc, deoarece sucul de mere se va scurge.*

12 biscuiti amaretti

3 kg Golden Delicious, Granny Smith sau alte mere ferme (aproximativ 6 mari)

1/2 cană de zahăr

1. Puneți biscuiții amaretti într-o pungă de plastic și zdrobiți-i ușor cu un obiect greu, de exemplu B. un sucitor. Ar trebui să aveți aproximativ 3/4 cană de firimituri.

2. Curățați merele de coajă și tăiați-le pe lungime. Tăiați sferturile în felii de 1/8 inch grosime.

3. Așezați un grătar în mijlocul cuptorului. Preîncălziți cuptorul la 350°F. Ungeți cu unt generos o tavă rotundă de 9 × 3 inci sau o tavă tubulară. Acoperiți fundul tavii cu un cerc de hârtie de copt. ungeți hârtia.

4. Faceți un strat de mere, ușor suprapus pe fundul cratiței. Presărați puțin pesmet și zahăr. Aranjați feliile de mere rămase în tigaie alternativ cu restul de pesmet și zahăr.

Feliile de mere nu trebuie să fie aranjate frumos. Pune o foaie de folie deasupra și modelează-o peste marginea cratiței.

**5.** Coaceți merele timp de 1/2 ore. Descoperiți și coaceți încă 30 de minute sau până când merele sunt fragede când sunt străpunse cu un cuțit și reduse în volum. Transferați tava pe grătar. Se lasa la racit cel putin 15 minute. Treceți un cuțit pe marginea tigaii. Folosind suportul pentru oală, țineți tigaia cu o mână și așezați un vas plat de servire pe tigaie. Intoarceti ambele astfel incat merele sa cada pe farfurie.

**6.** Se serveste la temperatura camerei, se taie in felii. Acoperiți cu un vas răsturnat și lăsați la frigider până la 3 zile.

*Caise în sirop de lămâie*

*Albicocche al Limone*

**Face 6 portii**

*Caisele perfect coapte chiar nu au nevoie de nicio îmbunătățire, dar dacă aveți unele care nu sunt perfecte, încercați să le gătiți în sirop simplu de lămâie. Se servesc caisele braconate racite, de preferat cu frisca cu aroma de amaretto.*

1 cană de apă rece

1/4 cană zahăr sau după gust

2 (2 inchi) fasii de coaja de lamaie

2 linguri de suc proaspăt de lămâie

1 kilogram de caise (aproximativ 8)

1. Într-o tigaie sau tigaie suficient de mare încât să țină jumătățile de caise într-un singur strat, combinați apa, zahărul, coaja și sucul. Aduceți la fiert la foc mediu-mare și

gătiți timp de 10 minute, aruncând tigaia o dată sau de două ori.

2. Tăiați caisele în jumătate de-a lungul liniei și îndepărtați sâmburele. Puneți jumătățile în siropul care fierbe. Gătiți, întorcând o dată, până când fructele sunt moi, aproximativ 5 minute.

3. Se lasă caisele să se răcească pentru scurt timp în sirop, apoi se păstrează acoperite la frigider. Servit rece.

*Fructe de padure cu lamaie si zahar*

*Frutti di Bosco al Limone*

**Pentru 4 portii**

*Sucul proaspăt de lămâie și zahărul dau aroma deplină a fructelor de pădure. Încercați acest lucru cu un singur tip de fructe de pădure sau o combinație. Acoperiți fructele de pădure cu o lingură de înghețată de lămâie sau sorbet, dacă doriți.*

*Unul dintre fructele mele preferate, căpșunul mic (fragoline del bosco) este răspândit în Italia, dar nu aici. Căpșunile sălbatice au o aromă grozavă de căpșuni și sunt ușor de cultivat în ghivece de flori. Semințele sunt disponibile de la multe companii de catalog și puteți cumpăra plante de la multe pepiniere din Statele Unite.*

1 cană de căpșuni tăiate felii

1 cană mure

1 cană afine

1 cană de zmeură

Suc de lamaie proaspat stors (aproximativ 2 linguri)

zahăr (aproximativ 1 lingură)

1. Îndoiți ușor fructele de pădure într-un castron mare. Se toarnă suc de lămâie și zahăr după gust. Gustați și asezonați.

2. Puneți fructele de pădure în boluri de servire puțin adânci. Serviți imediat.

*Căpșuni cu oțet balsamic*

*Căpșuni din oțet balsamic*

**Pentru 2 portii**

*Dacă puteți găsi căpșuni sălbatice mici cunoscute în italiană ca fragoline del bosco, folosiți-le în acest desert. Dar chiar și căpșunile proaspete obișnuite beneficiază de o marinadă rapidă în oțet balsamic învechit. Ca un strop de suc proaspăt de lămâie pe o bucată de pește sau sare pe o friptură, aroma intens dulce și acidulată a oțetului balsamic îmbunătățește multe feluri de mâncare. Gândiți-vă la el ca un condiment, nu oțet.*

*Probabil că va trebui să cumpărați oțet balsamic învechit de la un magazin specializat. În zona New York, una dintre sursele mele preferate este Di Palo Fine Foods de pe Grand Street din Little Italy (veziSurse). Louis Di Palo este o enciclopedie ambulantă a oțetului balsamic, precum și aproape orice alt produs alimentar importat din Italia. Când l-am întrebat prima dată despre oțetul balsamic, a scos câteva sticle și a oferit mostre tuturor celor din magazin, în timp ce le-a explicat pe fiecare.*

*Cel mai bun oțet balsamic este produs în provinciile Modena și Reggio din Emilia-Romagna. Neted, complex și siropos, are mai mult un gust de lichior bogat decât un oțet ascuțit și este adesea băut ca lichior. Căutați cuvintele Aceto Balsamico Tradizionale pe etichetă. Deși scump, puțin merge departe.*

1 litru de căpșuni de pădure sau de cultură, dacă sunt mari, tăiate felii

2 linguri de otet balsamic invechit de cea mai buna calitate sau dupa gust

2 linguri de zahar

   Într-un castron mediu, amestecați căpșunile cu oțetul și zahărul. Lăsați să stea 15 minute înainte de servire.

*Zmeura cu mascarpone si otet balsamic*

*Lampones cu mascarpone si otet balsamic*

**Pentru 4 portii**

*Spălați întotdeauna zmeura sensibilă imediat înainte de utilizare - dacă le spălați devreme, se pot strica mai repede din cauza umezelii. Inspectați-le înainte de a le servi și aruncați-le pe cele care prezintă semne de mucegai. Păstrați fructele de pădure într-un recipient plat și deschis în frigider, dar folosiți-le cât mai curând posibil după cumpărare, deoarece se strica repede.*

*Mascarpone este o cremă groasă, netedă, care se numește brânză, deși are doar cel mai slab gust de brânză. Textura sa este similară cu smântâna sau puțin mai groasă. Alternativ, se pot folosi crème fraîche, ricotta sau smântână.*

11/2 cani de mascarpone

Aproximativ 1/4 cană zahăr

1 până la 2 linguri de oțet balsamic învechit de cea mai bună calitate

2 cani de zmeura, usor spalate si uscate

1. Într-un castron mic, amestecă mascarpone și zahăr până devine spumos. Se amestecă oțet balsamic după gust. Se lasă 15 minute și se amestecă din nou.

2. Împărțiți zmeura în 4 pahare sau boluri de servire. Se acopera cu mascarpone si se serveste imediat.

*Cireşe în Barolo*

*Cireşe al Barolo*

**Pentru 4 portii**

*Aici, cireşele dulci şi coapte sunt gătite în felul piemontez în Barolo sau alt vin roşu puternic.*

3/4 cană de zahăr

1 cană Barolo sau alt vin roşu sec

1 kilogram de cireşe dulci coapte fără sâmburi

1 cană smântână pentru frişcă sau smântână dulce, bine răcită

**1.** Cu cel puţin 20 de minute înainte de a fi gata să bateţi smântâna, puneţi vasul mare şi bateriile unui mixer electric la frigider.

**2.** Se amestecă zahărul şi vinul într-o cratiţă mare. Se aduce la fierbere şi se fierbe timp de 5 minute.

3. Adăugaţi cireşe. După ce lichidul revine la fierbere, gătiţi până când cireşele sunt fragede când sunt străpunse cu un cuţit, aproximativ 10 minute mai mult. Se lasa la racit.

4. Imediat înainte de servire, scoateţi vasul şi bateţi din frigider. Se toarnă smântâna într-un bol şi se bate la viteză mare până când crema îşi menţine forma când batătoarele se ridică, aproximativ 4 minute.

5. Scoateţi cireşele în bolurile de servire. Se serveste la temperatura camerei sau putin rece cu frisca.

*Castane prajite la cald*

*grile de caldar*

**Pentru 8 portii**

*Martinje, 11 noiembrie, este sărbătorită în toată Italia cu castane prăjite fierbinți și vin roșu proaspăt fiert. Sărbătoarea marchează nu numai sărbătoarea unui sfânt preferat cunoscut pentru bunătatea sa față de săraci, ci și sfârșitul sezonului de vegetație, ziua în care pământul se odihnește de iarnă.*

*Castanele prăjite sunt, de asemenea, o glazură clasică pentru mâncărurile de sărbători de iarnă din toată Italia. Le dam la cuptor cand ne asezam la cina si cand terminam felul principal sunt gata de mancat.*

1 kg de castane proaspete

**1.** Așezați un grătar în mijlocul cuptorului. Preîncălziți cuptorul la 425°F. Se spală și se usucă castanele. Puneți castanele cu partea plată în jos pe o placă de tăiat. Folosind vârful unui cuțit mic ascuțit, înscrieți cu grijă un X în partea de sus a fiecăruia.

2. Așezați castanele pe o foaie mare de folie de aluminiu rezistentă. Îndoiți un capăt peste celălalt pentru a închide castanele. Îndoiți capetele pentru a închide. Pune pachetul în tavă. Prăjiți castanele până când sunt fragede când sunt străpunse cu un cuțit mic, aproximativ 45 până la 60 de minute.

3. Transferați pachetul de folie pe un grătar de răcire. Lăsați castanele învelite în folie 10 minute. Se serveste fierbinte.

*smochine conservate*

*Marmellata din Fichi*

**Face 1 1/2 litri**

*Atât smochinele native, cât și cele sălbatice cresc în toată Italia, cu excepția celor mai nordice regiuni, unde este prea frig. Pentru că sunt atât de dulci și obișnuite, smochinele sunt folosite în multe deserturi, în special în sudul Italiei. Smochinele coapte nu se depozitează bine. Când sunt multe la sfârșitul verii, ele sunt conservate în diferite moduri. În Puglia, smochinele sunt fierte cu apă pentru a face un sirop gros, dulce, folosit în deserturi. Smochinele sunt, de asemenea, uscate la soare sau prelucrate în conserve de smochine.*

*O cantitate mică de dulceață de smochine este ușor de făcut și poate fi păstrată la frigider timp de o lună. Pentru o depozitare mai lungă, dulceața trebuie păstrată (folosind metode de conservare sigure) sau congelată. Se serveste ca acompaniament la un fel de branza sau la micul dejun pe paine cu unt si nuci.*

1 1/2 kg smochine proaspete coapte, spălate și uscate

2 căni de zahăr

2 fasii de coaja de lamaie

**1.** Curăţaţi smochinele şi tăiaţi-le în sferturi. Pune-le intr-un castron mediu cu zahar si coaja de lamaie. Amesteca bine. Acoperiţi şi lăsaţi la frigider peste noapte.

**2.** A doua zi, turnaţi conţinutul vasului într-o oală mare şi grea. Se lasa sa fiarba usor la foc mediu. Gatiti, amestecand din cand in cand, pana cand amestecul se ingroasa putin, aproximativ 5 minute. Pentru a verifica dacă amestecul este suficient de gros, stoarceţi o picătură de lichid uşor răcit între degetul mare şi arătător. Dacă masa formează un fir atunci când degetul mare şi degetul sunt uşor separate, dulceaţa este gata.

**3.** Se toarnă în borcane sterilizate şi se lasă la frigider până la 30 de zile.

*Smochine înmuiate în ciocolată*

*Fichi al Cioccolato*

**Pentru 8 până la 10 porții**

*Smochinele uscate umede umplute cu nuci și înmuiate în ciocolată sunt un răsfăț frumos după cină.*

*Îmi place să cumpăr coji de portocale confiate de la Kalustyan's, un magazin alimentar din New York, specializat în condimente, fructe uscate și nuci. Deoarece se vinde mult, este mereu proaspăt și plin de aromă. Multe alte magazine specializate vând coji de portocale confiate de calitate. Puteți comanda și prin poștă (vezi pSurse). Coji de portocale confiate și alte fructe de supermarket sunt tăiate în bucăți mici și sunt de obicei uscate și fără gust.*

18 smochine uscate umede (aproximativ 1 kilogram)

18 migdale prajite

1/2 cană coajă de portocală confiată

4 uncii de ciocolată amăruie, tocată sau ruptă în bucăți mici

2 linguri de unt nesarat

1. Tapetați o tavă cu hârtie cerată și puneți pe ea un grătar de sârmă. Faceți o mică fantă în partea de jos a fiecărei smochine. Introduceți o migdale și o bucată de coajă de portocală în smochine. Apăsați fanta pentru a închide.

2. În jumătatea superioară a unui boiler, topește ciocolata și untul timp de aproximativ 5 minute. Scoateți de pe aragaz și amestecați ușor. Se lasa 5 minute.

3. Înmuiați fiecare smochină în ciocolată topită și puneți-o pe un grătar. Cand toate smochinele sunt scufundate, dam tava la frigider pentru aproximativ 1 ora pentru a lasa ciocolata sa se intareasca.

4. Puneți smochinele într-un recipient ermetic și separați fiecare strat cu hârtie cerată. A se păstra la frigider până la 30 de zile.

*Smochine în sirop de vin*

*Fichi alla Contadina*

**Pentru 8 portii**

*Smochinele uscate de la Calimyrna și California Missionary sunt umede și plinuțe. Ambele variante pot fi folosite pentru aceasta reteta. După braconaj, se mănâncă ca atare sau se servesc cu înghețată sau frișcă. Se potrivesc bine și cu brânza Gorgonzola.*

1 cană Vin Santo, Marsala sau vin roșu sec

2 linguri de miere

2 (2 inchi) fasii de coaja de lamaie

18 smochine uscate umede (aproximativ 1 kilogram)

1. Într-o tigaie de mărime medie, combinați Vin Santo, mierea și coaja de lămâie. Se aduce la fierbere la foc mic și se fierbe timp de 1 minut.

**2.** Adăugați smochine și apă rece pentru a acoperi. Aduceți lichidul la fiert la foc mic și acoperiți oala. Gatiti pana cand smochinele sunt moi, aproximativ 10 minute.

**3.** Folosind o lingură cu fantă, transferați smochinele din oală într-un castron. Se fierbe lichidul, neacoperit, până se reduce și se îngroașă ușor, aproximativ 5 minute. Turnați siropul peste smochine și lăsați-le să se răcească. Se lasa la frigider cel putin 1 ora si pana la 3 zile. Se serveste putin rece.

*Smochinele prăjite ale Dorei*

*Fichi al Forno*

**Face 2 duzini**

*Smochinele uscate umplute cu nuci sunt o specialitate din Apulia. Aceasta reteta vine de la prietena mea Dora Marzovilla, care o serveste dupa cina la restaurantul de familie I Trulli din New York. Serviți smochinele cu un pahar de vin de desert, de exemplu B. Moscato di Pantelleria.*

24 de smochine uscate umede (aproximativ 1 1/2 de lire sterline), vârfurile tulpinii îndepărtate

24 migdale prajite

1 lingura de seminte de fenicul

1/4 cană frunze de dafin

1. Așezați un grătar în mijlocul cuptorului. Preîncălziți cuptorul la 350°F. Scoateți tulpinile dure din fiecare smochină. Tăiați o fantă în fundul smochinelor cu un cuțit mic. Infigeti migdalele in smochina si inchideti fanta.

**2.** Aranjați smochinele pe o foaie de copt și coaceți timp de 15 până la 20 de minute sau până se rumenesc ușor. Se răcește pe un grătar.

**3.** Faceți un strat de smochine într-un recipient ermetic de 1 litru de plastic sau sticlă. Presărați câteva semințe de fenicul. Acoperiți cu un strat de foi de dafin. Repetați straturile până când epuizați toate ingredientele. Acoperiți și păstrați la loc răcoros (dar nu la frigider) cel puțin 1 săptămână înainte de servire.

*Miere în sirop de mentă*

*Melon alla Menta*

**Pentru 4 portii**

*După o cină mare de pește la un restaurant de pe malul mării din Sicilia, ni s-a servit această combinație rece de pepene galben înmuiat în sirop de mentă proaspătă.*

1 cană de apă rece

1/2 cană de zahăr

1/2 cană frunze de mentă proaspătă ambalate, plus multe pentru garnitură

8 până la 12 felii de pepene galben copt decojit

1. Amesteca apa, zaharul si frunzele de menta intr-o oala. Aduceți la fiert și gătiți timp de 1 minut sau până când frunzele se ofilesc. Se ia de pe foc. Se lasă să se răcească, apoi se strecoară siropul printr-o sită fină într-un bol pentru a scurge frunzele de mentă.

**2.**Puneți pepenele pe un platou de servire și turnați siropul peste pepene galben. Se da la frigider pentru o vreme. Se serveste ornat cu frunze de menta.

*Portocale in sirop de portocale*

*Marinada de portocale*

**Pentru 8 portii**

*Portocalele suculente în sirop dulce sunt desertul perfect după o masă copioasă. Îmi place mai ales să le servesc iarna, când portocalele proaspete sunt cele mai bune. Aranjate pe o tavă, portocalele arată foarte frumos cu un topping de fâșii de coajă de portocală și sirop spumant. Ca o variantă, tăiați portocalele în felii și amestecați cu ananas copt feliat. Serviți sosul de portocale deasupra.*

8 portocale mari pentru buric

1 1/4 căni de zahăr

2 linguri de coniac sau lichior de portocale

1. Spălați portocalele cu o perie. Tăiați capetele. Cu ajutorul unui curățător de legume, curățați partea colorată a cojii de portocală (coaja) în fâșii largi. Evită să sapi în miezul alb amar. Stivuiți fâșiile de coajă și tăiați-le în bețe înguste.

2. Scoateți coaja albă de pe portocale. Pune portocalele pe o farfurie de servire.

3. Fierbeți o oală mică cu apă. Adăugați coaja de portocală și lăsați-o să fiarbă ușor. Gatiti 1 minut. Scurgeți pielea și clătiți sub apă rece. Repeta. (Acest lucru va ajuta la eliminarea amărăciunii de pe coajă.)

4. Pune zahărul și 1/4 cană apă într-o altă cratiță mică la foc mediu-mare. Se fierbe amestecul. Gatiti pana se dizolva zaharul si siropul se ingroasa, aproximativ 3 minute. Se amestecă coaja de portocală și se fierbe încă 3 minute. Se lasa la racit.

5. Adăugați țuica de portocale în conținutul oalei. Scoateți coaja de portocală din sirop cu o furculiță și puneți-o deasupra portocalelor. lingura de sirop. Acoperiți și lăsați la frigider până la 3 ore înainte de servire.

*Portocale gratinate cu zabaglione*

*Arancia allo Zabaglione*

**Pentru 4 portii**

*Gratiné este un cuvânt francez care înseamnă a rumeni suprafața unui vas. De obicei, se referă la alimente sărate care sunt stropite cu pesmet sau brânză pentru a ajuta la rumenirea culorii.*

*Zabaglione este de obicei servit singur sau ca o baie pentru fructe sau prăjituri. Aici, se pune pe portocale cu lingura si se pune la gratar putin timp pana se rumeneste usor si are un topping cremos. Bananele, kiwi-urile, fructele de pădure sau alte fructe de pădure pot fi, de asemenea, preparate în acest fel.*

6 portocale buric, curatate de coaja si feliate subtiri

**zabaglione**

1 ou mare

2 galbenusuri mari

⅓ cană de zahăr

⅓ cană de marsala uscată sau dulce

1. Încinge grătarul. Aranjați feliile de portocale într-un vas rezistent la cuptor, suprapunându-se ușor.

2. Pregătiți zabaglione: umpleți o tigaie mică sau fundul unei oale sub presiune cu doi centimetri de apă. Se lasa sa fiarba la foc mic. Într-un castron mai mare decât marginea tigaii sau partea superioară a cuptorului, combinați oul, gălbenușurile, zahărul și Marsala. Bateți cu un mixer de mână până devine spumos. Se pune pe o oală cu apă clocotită. Bateți până când amestecul devine palid și ține o formă moale când bătăile sunt ridicate, aproximativ 5 minute.

3. Întindeți zabaglione peste portocale. Puneți tigaia sub broiler timp de 1 până la 2 minute sau până când zabaglione începe să se rumenească pe pete. Serviți imediat.

*Piersici albe la Asti Spumante*

*Pesche Bianche in Asti Spumante*

**Pentru 4 portii**

*Asti Spumante este un vin dulce de desert spumant din Piemont, în nord-vestul Italiei. Are un gust delicat de floare de portocal și o aromă care provine din nucșoară. Dacă nu găsești piersici albe, piersicile galbene sunt bune sau înlocuiesc alte fructe de vară precum nectarinele, prunele sau caisele.*

4 piersici mari albe coapte

1 lingura de zahar

8 uncii de Asti Spumante răcit

1. Curățați și sâmburele piersicile. Tăiați-le în felii subțiri.

2. Se amestecă piersicile cu zahărul și se lasă să stea 10 minute.

3. Turnați piersici în pahare sau pahare parfait. Se toarnă peste Asti Spumante și se servește imediat.

*Piersici în vin roșu*

*Pesche al Vino Rosso*

**Pentru 4 portii**

*Îmi amintesc că bunicul meu tăia piersicile albe de casă pentru a le scufunda într-un ulcior de vin roșu. Sucurile dulci de piersici îmblânzeau orice asprime din vin. Piersicile albe sunt preferatele mele, dar sunt bune și piersicile galbene sau nectarinele.*

1/3 cană zahăr sau după gust

2 căni de vin roșu fructat

4 piersici coapte

**1.** Într-un castron mediu, combina zahărul și vinul.

**2.** Tăiați piersicile în jumătate și îndepărtați sâmburele. Tăiați piersicile în bucăți mici. Adăugați-le în vin. Acoperiți și lăsați la frigider pentru 2 până la 3 ore.

**3.** Turnați piersici și vin în pahare și serviți.

*Piersici umplute cu amaretti*

*Pesche al-Forno*

**Pentru 4 portii**

*Acesta este un desert popular din Piemont. Acoperiți cu frișcă sau serviți cu o lingură de înghețată.*

8 piersici medii, nu prea coapte

8 biscuiti amaretti

2 linguri de unt nesarat inmuiat

2 linguri de zahar

1 ou mare

1. Aşezaţi un grătar în mijlocul cuptorului. Preîncălziţi cuptorul la 375°F. Ungeţi un vas rezistent la cuptor suficient de mare pentru a ţine jumătăţile de piersici într-un singur strat.

2. Puneţi biscuiţii amaretti într-o pungă de plastic şi zdrobiţi-i uşor cu un obiect greu, de exemplu B. un sucitor. Ar trebui

să bei aproximativ 1/2 cană. Într-un castron mediu, combinați untul și zahărul și amestecați pesmeturile.

3. Urmați linia din jurul piersicilor, tăiați-le în jumătate și îndepărtați sâmburele. Folosind o lingură de grapefruit sau de pepene galben, scoateți o parte din pulpa de piersici din centru pentru a lărgi deschiderea și adăugați la amestecul de pesmet. Amestecați oul în amestec.

4. Pune piersicile în tavă, cu partea tăiată în sus. Puneti putin din amestecul de pesmet in fiecare jumatate de piersici.

5. Coaceți 1 oră sau până când piersicile sunt moi. Se serveste fierbinte sau la temperatura camerei.

*Pere in sos de portocale*

*Pere all'Arancia*

## Pentru 4 portii

*Când am vizitat-o pe Anna Tasca Lanza la Regaleala, crama familiei ei din Sicilia, mi-a dat câteva din delicioasa ei dulceață de mandarine pe care să o iau acasă. Anna folosește dulceața atât ca sos tartinabil, cât și ca sos de desert și m-a inspirat să o amestec în lichidul poha de la niște pere pe care le găteam. Perele aveau o glazura aurie frumoasa si tuturor le-a placut rezultatul. Acum fac acest desert des. Deoarece am consumat rapid marmelada lui Anna, folosesc marmeladă de portocale de bună calitate, cumpărată din magazin.*

1/2 cană de zahăr

1 cană de vin alb sec

4 pere ferme, coapte, precum Anjou, Bartlett sau Bosc

1/3 cană de marmeladă de portocale

2 linguri de lichior de portocale sau rom

**1.** Într-o cratiță suficient de mare pentru a ține perele în poziție verticală, combina zahărul și vinul. Se aduce la fierbere la foc mediu și se fierbe până se dizolvă zahărul.

**2.** Adăugați perele. Acoperiți tigaia și gătiți aproximativ 30 de minute, sau până când perele sunt fragede când sunt străpunse cu un cuțit.

**3.** Transferați perele într-o farfurie de servire cu o lingură. Adăugați dulceața la lichidul din oală. Se aduce la fierbere și se fierbe timp de 1 minut. Se ia de pe foc si se adauga lichiorul. Întindeți sosul peste și în jurul perelor. Acoperiți și lăsați la frigider cel puțin 1 oră înainte de servire.

*Pere cu marsala si smantana*

*Pere al-Marsala*

**Pentru 4 portii**

*Am dat pere astfel preparate unei trattorie din Bologna. Dacă le faci chiar înainte de cină, vor fi la temperatura potrivită pentru a fi servite când ești gata de desert.*

*Puteți găsi atât marsala uscată, cât și dulce importată din Sicilia, dar cea uscată este de mai bună calitate. Ambele pot fi folosite pentru a face deserturi.*

4 pere mari Anjou, Bartlett sau Bosc, nu prea coapte

1/4 cană de zahăr

1/2 cană de apă

1/2 cană de marsala uscată sau dulce

1/4 căni de smântână groasă

1. Curățați perele de coajă și tăiați-le în jumătate pe lungime.

2. Într-o tigaie suficient de mare încât să țină jumătățile de pere într-un singur strat, aduceți zahărul și apa la fiert la foc mediu. Se amestecă pentru a dizolva zahărul. Adăugați perele și acoperiți tava. Gătiți timp de 5 până la 10 minute sau până când perele sunt aproape fragede când sunt străpunse cu o furculiță.

3. Transferați perele într-o farfurie cu o lingură. Adăugați marsala în tigaie și aduceți la fierbere. Gatiti pana cand siropul se ingroasa putin, aproximativ 5 minute. Se amestecă smântâna și se mai fierbe încă 2 minute.

4. Puneți perele înapoi în tigaie și turnați peste ele sosul. Aranjați perele pe farfurii și turnați peste ele sosul cu o lingură. Se lasa sa se raceasca la temperatura camerei inainte de servire.

*Pere cu sos cald de ciocolata*

*Pere Affogato al Cioccolato*

## Face 6 portii

*Perele dulci, proaspete, scăldate în sos de ciocolată amară, sunt un desert clasic european. Am avut asta in Bologna unde sosul de ciocolata este facut din ciocolata Majani, un brand local care, din pacate, nu este departe de orasul natal. Utilizați ciocolată neagră de înaltă calitate. Un brand care îmi place, Scharffen Berger, este fabricat în California.*

6 Pere Anjou, Bartlett sau Bosc, nu prea coapte

2 căni de apă

3/4 cană de zahăr

4 (2 × 1/2–inch) fâșii de coajă de portocală, tăiate în bețișoare

    11/2 caniTopping cald de ciocolata

1. Curățați perele, lăsând tulpinile intacte. Folosind un bile de pepene galben sau o lingură mică, răzuiți miezul și sâmburii, lucrând de la fundul perei.

2. Într-o tigaie suficient de mare încât să țină toate perele, aduceți la fiert apa, zahărul și coaja de portocală la foc mediu. Se amestecă până se dizolvă zahărul.

3. Adăugați perele și reduceți focul. Acoperiți tigaia și gătiți perele o dată, timp de 20 de minute, sau până când sunt fragede când sunt străpunse cu un cuțit mic. Lasam perele la racit in sirop.

4. Când este gata de servire, pregătiți toppingul de ciocolată.

5. Împărțiți perele în farfurii cu o lingură. (Acoperiți și lăsați siropul la frigider pentru o altă utilizare, cum ar fi toppingul de fructe tăiate pentru o salată.) Stropiți cu sos de ciocolată cald. Serviți imediat.

*Pere aromate cu rom*

*Pere al Rum*

**Face 6 portii**

*Aroma dulce, ușoară, aproape florală a perelor coapte se potrivește bine cu multe alte arome complementare. Fructe precum portocalele, lămâile și fructele de pădure se potrivesc bine cu multe brânzeturi, iar marsala și vinurile uscate sunt adesea folosite pentru a bracona perele. În Piemont, am fost plăcut surprins să găsesc aceste pere fierte în sirop de rom condimentat și servite cu o prăjitură simplă cu alune.*

6 Pere Anjou, Bartlett sau Bosc, nu prea coapte

1/4 cană de zahăr brun

1/4 cană de rom negru

1/4 cană de apă

4 cuișoare întregi

1. Curățați perele, lăsând tulpinile intacte. Folosind un bile de pepene galben sau o lingură mică, răzuiți miezul și sâmburii, lucrând de la fundul perei.

2. Într-o cratiță suficient de mare pentru pere, amestecați zahărul, romul și apa la foc mediu până când zahărul se dizolvă, aproximativ 5 minute. Adăugați perele. Presărați cuișoare în jurul fructelor.

3. Acoperiți recipientul și aduceți lichidul la fierbere. Gătiți la foc mediu-mare timp de 15 până la 20 de minute sau până când perele sunt fragede când sunt străpunse cu un cuțit. Transferați perele într-o farfurie de servire cu o lingură.

4. Se fierbe lichidul neacoperit până scade și devine siropos. Se strecoară lichidul peste pere. Se lasa la racit.

5. Serviți la temperatura camerei sau acoperiți și lăsați la frigider.

*Pere condimentate cu brânză pecorino*

*Pere allo Spezie e Pecorino*

## Face 6 portii

*Toscanii sunt pe bună dreptate mândri de excelenta lor brânză feta. Fiecare oraș are propria sa versiune și fiecare are un gust puțin diferit față de celelalte, în funcție de modul în care este învechit și de unde provine laptele. Brânzeturile sunt de obicei consumate când sunt destul de tinere și încă semi-tare. La desert, brânza este uneori acoperită cu puțină miere sau servită cu pere. Îmi place această prezentare sofisticată pe care am avut-o la Montalcino - pecorino servit cu pere, fiert în vin roșu local și condimente, însoțit de nuci proaspete.*

*Desigur, perele sunt excelente singure sau cu o lingură mare de frișcă.*

6 pere medii Anjou, Bartlett sau Bosc, nu prea coapte

1 cană de vin roșu sec

1/2 cană de zahăr

1 (3 inci) bucată de baton de scorțișoară

4 cuișoare întregi

8 uncii de brânză Pecorino Toscano, Asiago sau Parmigiano-Reggiano, tăiată în 6 bucăți

12 jumătăți de nucă, prăjite

1. Așezați un grătar în mijlocul cuptorului. Preîncălziți cuptorul la 450°F. Aranjați perele într-un bol rezistent la cuptor, suficient de mare pentru a sta în poziție verticală.

2. Bateți vinul și zahărul până când zahărul se înmoaie. Se toarnă amestecul peste pere. Presărați scorțișoară și cuișoare în jurul perelor.

3. Coaceți perele, ungându-le ocazional cu vin, timp de 45 până la 60 de minute sau până când sunt fragede când sunt străpunse cu un cuțit. Dacă lichidul începe să se usuce înainte ca perele să fie gata, adăugați puțină apă caldă în bol.

4. Lasam perele la racit in tava si le ungem din cand in cand cu sucul din tigaie. (Pe măsură ce sucurile se răcesc, se vor

îngroşa şi se vor acoperi perele cu o glazură roşie bogată.) Îndepărtaţi condimentele.

5. Se servesc perele cu sirop la temperatura camerei sau putin racite. Aranjaţi pe farfurii cu două jumătăţi de nucă şi o bucată de brânză.

*Pere poșate cu gorgonzola*

*Pere al Gorgonzola*

**Pentru 4 portii**

*Savoarea puternică a brânzei gorgonzola amestecată în smântână netedă este un plus acidulat la aceste pere braconate în sirop de vin alb de lămâie. O atingere de fistic adaugă o notă strălucitoare de culoare. Perele Anjou, Bartlett și Bosc sunt soiurile mele preferate de braconat, deoarece forma lor subțire înseamnă că se gătesc uniform. Perele braconate își mențin mai bine forma atunci când fructele nu sunt prea coapte.*

2 cani de vin alb sec

2 linguri de suc proaspăt de lămâie

3/4 cană de zahăr

2 (2 inchi) fasii de coaja de lamaie

4 pere precum Anjou, Bartlett sau Bosc

4 uncii de gorgonzola

2 linguri de ricotta, mascarpone sau frisca

2 linguri de fistic tocat

1. Într-o tigaie de mărime medie, amestecați vinul, sucul de lămâie, zahărul și coaja de lămâie. Se aduce la fierbere și se fierbe timp de 10 minute.

2. Între timp, curățați perele de coajă și tăiați-le în jumătate pe lungime. Scoateți miezurile.

3. Pune perele în siropul de vin și gătește până când se înmoaie când sunt străpunse cu un cuțit, aproximativ 10 minute. Se lasa la racit.

4. Puneți 2 jumătăți de pere, cu partea de piatră în sus, pe fiecare platou de servire cu o lingură. Stropiți siropul în jurul perelor.

5. Într-un castron mic, amestecați gorgonzola și ricotta într-o pastă netedă. Scoateți o parte din amestecul de brânză în sâmburele fiecărei jumătăți de pere. Se presară fistic. Serviți imediat.

*Prajitura cu budinca de pere sau mere*

*Budino di Pere sau Mele*

**Face 6 portii**

*Nu chiar o prăjitură sau o cremă, acest desert constă din fructe care se fierb până se înmoaie și apoi se coace cu un topping care arată un pic ca o prăjitură. Este bun cu mere sau pere sau chiar cu piersici sau prune.*

*Îmi place să folosesc rom închis pentru a aroma acest desert, dar pot fi înlocuite cu rom ușor, coniac sau chiar grappa.*

3/4 cană stafide

1/2 cană de rom negru, coniac sau grappa

2 linguri de unt nesarat

8 pere sau mere ferme coapte, decojite și tăiate în felii de 1/2 inch

1/3 cană de zahăr

**pansament**

6 linguri de unt nesarat, topit si racit

1/3 cană de zahăr

1/2 cană făină universală

3 ouă mari, separate

2/3 cană lapte integral

2 linguri de rom negru, coniac sau coniac

1 lingurita de extract pur de vanilie

putina sare

zahăr pudră

1. Amestecați stafidele și romul într-un castron mic. Lăsați timp de 30 de minute.

2. Topiți untul într-o tigaie mare la foc mediu. Adăugați fructe și zahăr. Gatiti, amestecand ocazional, pana cand fructele

sunt aproape fragede, aproximativ 7 minute. Adăugați stafidele și romul. Gatiti inca 2 minute. Se ia de pe foc.

3. Așezați un grătar în mijlocul cuptorului. Preîncălziți cuptorul la 350°F. Ungeți o tavă de copt de 13×9×2 inci. Turnați amestecul de fructe într-un vas rezistent la cuptor.

4. Pregătiți toppingul: într-un castron mare, cu un mixer electric, bateți untul și zahărul până se combină, aproximativ 3 minute. Se amestecă făina doar pentru a se combina.

5. Într-un castron mediu, amestecați gălbenușurile, laptele, romul și vanilia. Amestecați amestecul de ouă în amestecul de făină până când se combină.

6. Într-un alt castron mare, bate albușurile spumă cu sarea la foc mic cu un tel curat până devine spumos. Măriți viteza și bateți până se formează vârfuri moi, aproximativ 4 minute. Amesteca cu grija albusul in restul aluatului. Turnați aluatul peste fructe în tava de copt și coaceți timp de 25 de minute sau până când blatul devine maro auriu și ferm la atingere.

**7.** Se serveste cald sau la temperatura camerei stropite cu zahar pudra.

*Compot cald de fructe*

*Compost de la Frutta Caldo*

**Pentru 6 până la 8 porții**

*În Italia, romul este adesea folosit pentru aromatizarea deserturilor. Romul închis are o aromă mai profundă decât romul ușor. Inlocuiti romul cu un alt lichior sau un vin dulce precum Marsala in aceasta reteta, daca va place. Sau faceți o variantă fără alcool cu suc de portocale sau de mere.*

2 pere ferme coapte, decojite și fără sâmburi

1 măr Golden Delicious sau Granny Smith, decojit și fără miez

1 cană de prune fără sâmburi

1 cană smochine uscate, fără tulpini

1/2 cană caise uscate fără sâmburi

1/2 cană stafide întunecate

1/4 cană de zahăr

2 (2 inchi) fasii de coaja de lamaie

1 cană de apă

1/2 cană rom negru

1. Tăiați perele și merele în 8 felii. Tăiați felii în bucăți de mărimea unei mușcături.

2. Amestecă toate ingredientele într-o oală mare. Se acopera si se lasa sa fiarba incet la foc mediu. Gatiti pana cand fructele proaspete sunt moi si fructele uscate sunt pline, aproximativ 20 de minute. Mai adauga putina apa daca par uscate.

3. Se lasă să se răcească puțin înainte de servire sau se păstrează acoperit la frigider până la 3 zile.

*Fructe venețiane caramelizate*

*Golosezzi Veneziani*

**Pentru 8 portii**

*Stratul de caramel de pe aceste frigărui de fructe venețiene va semăna cu merele de sâmburi. Uscați bine fructele și pregătiți aceste frigărui de fructe într-o zi uscată. Pe vreme umedă, caramelul nu se va întări corespunzător.*

1 mandarină sau clementină, decojită și tăiată în bucăți

8 căpșuni mici, decojite

8 struguri fără semințe

8 curmale fără sâmburi

1 cană de zahăr

1/2 cană sirop ușor de porumb

1/4 cană de apă

1. Înfilați alternativ bucățile de fructe pe fiecare dintre cele opt frigărui de lemn de 6 inci. Puneți un grătar de răcire de sârmă pe o tavă.

2. Într-o tigaie suficient de mare pentru a încăpea frigăruile pe lungime, amestecați zahărul, siropul de porumb și apa. Gatiti la foc mediu, amestecand din cand in cand, pana cand zaharul este complet dizolvat, aproximativ 3 minute. Cand amestecul incepe sa fiarba, nu mai amestecati si gatiti pana cand siropul incepe sa se rumeneasca pe margini. Apoi răsuciți ușor tigaia la foc până când siropul devine o maro auriu uniform, cu aproximativ 2 minute mai mult.

3. Scoateți tigaia de pe aragaz. Cu ajutorul cleștilor, scufundați rapid fiecare frigărui în sirop, întorcându-se pentru a acoperi ușor, dar bine, fructele. Scurgeți siropul în exces înapoi în bol. Puneți frigăruile pe un grătar pentru a se răci. (Dacă siropul se întărește în tigaie înainte ca toate frigăruile să fie scufundate, reîncălziți ușor.) Serviți la temperatura camerei în 2 ore.

*Fructe cu miere si rachiu*

*Composta di Frutta alla Grappa*

**Face 6 portii**

*Grappa este un tip de coniac care se face din vinaccia, cojile și semințele rămânând după presarea strugurilor în vin. Grappa a fost odată o băutură aspră care era băută în mare parte de fermieri și muncitori din nordul Italiei pentru a se încălzi în zilele reci de iarnă. Astăzi, grappa este o băutură foarte sofisticată vândută în sticle de designer cu capace decorate. Unele grappa sunt aromate cu fructe sau ierburi, în timp ce altele sunt învechite în butoaie de lemn. Pentru această salată de fructe și alte scopuri de gătit, utilizați țuică simplă, fără aromă.*

1/3 cană de miere

1/3 cană țuică, țuică sau lichior de fructe

1 lingura de suc proaspat de lamaie

2 kiwi, curatati de coaja si feliati

2 portocale buric, curatate de coaja si taiate felii

1 litru de căpșuni feliate

1 cană de struguri verzi fără semințe tăiați la jumătate

2 banane de marime medie, feliate

1. Într-un castron mare de servire, amestecați mierea, coniacul și sucul de lămâie.

2. Se amestecă kiwi, portocalele, căpșunile și strugurii. Se lasa la frigider cel putin 1 ora sau pana la 4 ore. Chiar înainte de servire, amestecați bananele.

*salata de fructe de iarna*

*Macedonia del' Inverno*

**Face 6 portii**

*În Italia, salata de fructe se numește Macedonia, deoarece țara era împărțită în multe părți mici care erau unite într-un întreg, la fel cum o salată constă din bucăți mici de fructe diferite. Iarna, când alegerea fructelor este limitată, italienii fac salate ca aceasta cu miere și suc de lămâie. Alternativ, puteți înlocui mierea cu marmeladă de caise sau portocale.*

3 linguri de miere

3 linguri de suc de portocale

1 lingura de suc proaspat de lamaie

2 grapefruit, decojite și tăiate felii

2 kiwi, curatati de coaja si feliati

2 pere coapte

2 căni de struguri verzi fără semințe, tăiați la jumătate pe lungime

1. Într-un castron mare, amestecați mierea, sucul de portocale și sucul de lămâie.

2. Puneți fructele într-un bol și amestecați bine. Dați la frigider cel puțin 1 oră sau până la 4 ore înainte de servire.

*Fructe de vară la grătar*

*Spiedini alla Frutta*

**Face 6 portii**

*Fructele de vară la grătar sunt grozave pentru grătar. Serviți-le simple sau cu felii de biscuiți și înghețată.*

*Daca folosesti frigarui de lemn, pune-le la inmuiat in apa rece cel putin 30 de minute pentru a nu se arde.*

2 nectarine, tăiate în bucăți de 1 inch

2 prune, tăiate în bucăți de 1 inch

2 pere, tăiate în bucăți de 1 inch

2 caise, tăiate în sferturi

2 banane, tăiate în bucăți de 1 inch

Frunze de mentă proaspătă

Aproximativ 2 linguri de zahar

1. Poziționați grătarul sau grătarul de gătit la aproximativ 5 inci de sursa de căldură. Preîncălziți grătarul sau grătarul.

2. Așezați alternativ bucăți de fructe cu frunze de mentă pe 6 frigărui. Se presară cu zahăr.

3. Fructele la grătar pe o parte timp de 3 minute. Întoarceți frigăruile și le grătar până se rumenesc ușor, cu aproximativ 2 minute mai mult. Se serveste fierbinte.

*Ricotta caldă cu miere*

*Ricotta al Miele*

**Pentru 2 până la 3 porții**

*Succesul acestui desert depinde de calitatea ricottei, așa că cumpărați cea mai proaspătă disponibilă. În timp ce ricotta semi-degresată este bună, ricotta fără grăsimi este foarte granulată și fără gust, așa că nu o folosiți. Adăugați niște fructe proaspete, dacă doriți, sau încercați stafide și un praf de scorțișoară.*

1 cană de ricotta cu lapte integral

2 linguri de miere

1. Pune ricotta într-un castron mic pus peste o oală mai mică cu apă clocotită. Se încălzește până se încălzește, aproximativ 10 minute. Amesteca bine.

2. Scoateți ricotta pe farfurii de servire. Stropiți cu miere. Serviți imediat.

*Ricotta de cafea*

*Ricotta toată cafeaua*

**Pentru 2 până la 3 porții**

*Iată un desert rapid, potrivit pentru mai multe variante. Serviți cu biscuiți simpli cu unt.*

*Dacă nu puteți cumpăra espresso măcinat fin, asigurați-vă că treceți zațul printr-o râșniță de cafea sau un aparat multifuncțional. Dacă baza este prea mare, desertul nu se va amesteca bine, lăsând o structură granuloasă.*

1 cană (8 uncii) ricotta integrală sau parțial degresată

1 lingura de cafea macinata fin (espresso).

1 lingura de zahar

așchii de ciocolată

>Într-un castron mediu, amestecați ricotta, espresso-ul și zahărul până când se omogenizează și zahărul s-a dizolvat. (Pentru o textură mai cremoasă, amestecați ingredientele

într-un mixer multifuncțional.) Se toarnă în pahare sau pahare parfait și se presară cu fulgi de ciocolată. Serviți imediat.

**Variație:** Pentru cafeaua ricotta cu ciocolată, înlocuiți 1 lingură de cacao neîndulcită.

*Mascarpone și piersici*

*Mascarpone al Pesche*

**Face 6 portii**

*Mascarpone delicat, cremos și piersici cu amaretti crocanți arată minunat în parfait sau pahare de vin. Serviți acest desert la cină. Nimeni nu va ghici cât de ușor este de făcut.*

1 cană (8 uncii) de mascarpone

1/4 cană de zahăr

1 lingura de suc proaspat de lamaie

1 cana smantana foarte rece

3 piersici sau nectarine, decojite și tăiate în bucăți mici

1/3 cană lichior de portocale, amaretto sau rom

8 biscuiți amaretti, zdrobiți (aproximativ 1/2 cană)

2 linguri de frunze de migdale prajite

1. Cu cel puțin 20 de minute înainte de a fi gata să faceți desertul, puneți în frigider un castron mare și bătăile unui mixer electric.

2. Când este gata, amestecați mascarpone, zahăr și sucul de lămâie într-un castron mediu cu un tel. Scoateți vasul și bateți din frigider. Se toarnă smântâna într-un bol răcit și se bate la viteză mare până când crema își menține forma când se ridică bătăile, aproximativ 4 minute. Folosind o spatulă, amestecați cu grijă frișca în amestecul de mascarpone.

3. Într-un castron mediu, combinați piersici și lichior.

4. Turnați jumătate din crema de mascarpone în șase pahare de parfait sau pahare de vin. Se face un strat de piersici si se presara cu pesmet de amaretti. Completați cu crema rămasă. Acoperiți și lăsați la frigider până la 2 ore.

5. Se presara migdale inainte de servire.

*Mousse de ciocolata cu zmeura*

*Spuma di Cioccolato al Lampone*

**Pentru 8 portii**

*Frisca invelita in mascarpone si ciocolata este ca o mousse instant de ciocolata. Zmeura este un plus dulce și picant.*

1 jumatate de litru de zmeura

1 până la 2 linguri de zahăr

2 linguri de lichior de zmeura, cirese sau portocale

3 uncii de ciocolată neagră sau semidulce

1/2 cană (4 uncii) de mascarpone la temperatura camerei

2 căni de smântână rece sau smântână pentru frișcă

Așchii de ciocolată, pentru decor

1. Cu cel puțin 20 de minute înainte de a fi gata să faceți desertul, puneți în frigider un castron mare și bătăile unui mixer electric.

2. Când este gata, combinați zmeura cu zahărul și lichiorul într-un castron mediu. Pune deoparte.

3. Umpleți o oală mică cu 2 cm de apă. Se lasa sa fiarba la foc mic. Pune ciocolata într-un vas mai mare decât marginea oalei și pune-o peste apa clocotită. Se lasa sa stea pana se topeste ciocolata. Se ia de pe foc si se amesteca ciocolata pana se omogenizeaza. Lasam sa se raceasca putin, cam 15 minute. Se amestecă mascarpone cu o spatulă de cauciuc.

4. Luați vasul răcit și scoateți-l din frigider. Se toarnă smântâna într-un bol și se bate la viteză mare până când crema își menține forma când batătoarele se ridică, aproximativ 4 minute.

5. Folosind o spatulă, amestecați cu grijă jumătate din cremă în masa de ciocolată și lăsați cealaltă jumătate pentru topping.

6. Turnați jumătate din crema de ciocolată în opt pahare de parfait. Pune zmeura deasupra. Deasupra se intinde restul de crema de ciocolata. Puneți frișcă deasupra. Decorați cu bucăți de ciocolată. Serviți imediat.

*Tiramisu*

*Tiramisu*

**Pentru 8 până la 10 porții**

*Nimeni nu este destul de sigur de ce acest desert se numește „Pick Me Up" în italiană, dar se crede că numele provine de la lovitura de cofeină pe care o oferă din cafea și ciocolată. În timp ce varianta clasică are gălbenușuri crude amestecate cu mascarpone, varianta mea este fără ou pentru că nu-mi place gustul ouălor crude și fac desertul mai greu decât trebuie.*

*Savoiardi - degetele crocante importate din Italia - sunt obișnuite, dar pot fi înlocuite cu degetele obișnuite sau feliile de tort simplu. Dacă doriți, adăugați câteva linguri de rom sau coniac la cafea.*

1 cană smântână rece sau smântână pentru frișcă

1 kilogram de mascarpone

1/3 cană de zahăr

24 Savoiardi (degete italiene importate)

1 cană de espresso preparat la temperatura camerei

2 linguri de pudra de cacao neindulcita

1. Cu cel puțin 20 de minute înainte de a fi gata să faceți desertul, puneți în frigider un castron mare și bătăile unui mixer electric.

2. Când este gata, ia vasul și bate-l din frigider. Se toarnă smântâna într-un bol și se bate la viteză mare până când crema își menține forma când batătoarele se ridică, aproximativ 4 minute.

3. Într-un castron mare, bate mascarpone și zahăr cu un tel până se omogenizează. Luați aproximativ o treime din smântână pentru frișcă și amestecați-o ușor în amestecul de mascarpone cu o spatulă flexibilă pentru a o ușura. Amesteca usor crema ramasa.

4. Înmuiați ușor și rapid jumătate din Savoiardi în cafea. (Nu le supraaglomerați sau se vor destrăma.) Aranjați fursecurile într-un singur strat într-un vas de servire pătrat sau rotund de 9 × 2 inci. Întindeți deasupra jumătate din crema de mascarpone.

5. Înmuiați Savoiardi rămas în cafea și întindeți într-un singur strat peste mascarpone. Se acopera cu amestecul de mascarpone ramas si se netezeste cu o spatula. Pune cacao intr-o sita fina si presara peste desert. Acoperiți cu folie sau folie de plastic și dați la frigider pentru 3 până la 4 ore sau peste noapte pentru a infuza aromele. Se pastreaza bine la frigider pana la 24 de ore.

*Tiramisu cu capsuni*

*Tiramisu toate căpșuni*

**Pentru 8 portii**

*Iată o versiune de Tiramisu cu căpșuni pe care am găsit-o într-o revistă italiană de gătit. Îmi place chiar mai mult decât varianta cu cafea, dar prefer deserturile cu fructe de toate felurile.*

*Maraschino este un lichior italian de cireșe limpede, ușor amar, numit după soiul de cireșe Marascha. Maraschino este disponibil aici, dar poți înlocui un alt lichior de fructe dacă preferi.*

3 litri de capsuni, spalate si curatate de coaja

1/2 cană suc de portocale

1/4 cană maraschino, crème di cassis sau lichior de portocale

1/4 cană de zahăr

1 cană smântână rece sau smântână pentru frișcă

8 uncii de mascarpone

24 Savoiardi (degetele unei doamne italiene)

1.Pune deoparte 2 căni din cele mai frumoase căpșuni pentru decor. Tăiați restul. Într-un castron mare, amestecați căpșunile cu sucul de portocale, lichiorul și zahărul. Se lasa la temperatura camerei timp de 1 ora.

2.Între timp, puneți un bol mare și bătăile unui mixer electric la frigider. Când este gata, ia vasul și bate-l din frigider. Se toarnă smântâna într-un bol și se bate la viteză mare până când crema își menține forma când batatoarele se ridică, aproximativ 4 minute. Se amestecă ușor mascarpone cu o spatulă flexibilă.

3.Faceți un strat de degete de doamnă într-un vas de servire pătrat sau rotund de 9 x 2 inci. Răspândiți deasupra jumătate din căpșuni și sucul lor. Peste fructele de pădure se întinde jumătate din crema de mascarpone.

4.Repetați cu al doilea strat de ladyfingers, căpșuni și smântână și întindeți uniform crema cu o spatulă. Acoperiți și lăsați la frigider pentru 3 până la 4 ore sau peste noapte pentru a infuza aromele.

5.Chiar înainte de servire, feliați căpșunile rămase și aranjați-le în rânduri.

*fleac italian*

*engleză parohială*

**Pentru 10 până la 12 porții**

„Supa engleză" este un nume ciudat pentru acest desert somptuos. Se crede că bucătarii italieni au împrumutat ideea din fleacuri englezești și au adăugat accente italiene.

1Vin santo inelesau 1 (12 uncii) prăjitură de lire cumpărată din magazin, feliată grosime de 1/4 inch

1/2 căni gem de vișine sau zmeură

1/2 cană de rom negru sau lichior de portocale

21/2 cani fiecareCrema de ciocolata si vanilie

1 cana de frisca

Zmeura proaspata pentru decor

Așchii de ciocolată, pentru decor

1. Pregătiți biscuiții și, dacă este necesar, smântâna pentru aluat. Apoi amestecați dulceața și romul într-un castron mic.

2. Pune jumătate din crema de vanilie în fundul unui bol de servire de 3 litri. Deasupra se pune 1/4 felie de tort și se întinde cu 1/4 din amestecul de gem. Deasupra se toarnă jumătate din crema de ciocolată.

3. Mai faceți un strat de 1/4 din amestecul de tort și gem. Repetați cu crema de vanilie rămasă, 1/4 din amestecul de prăjitură și gem rămas, crema de ciocolată și restul amestecului de prăjitură și gem. Acoperiți strâns cu folie de plastic și lăsați la frigider pentru cel puțin 3 ore până la 24 de ore.

4. Pune la frigider un castron mare și accesoriul telului unui mixer electric timp de cel puțin 20 de minute înainte de servire. Imediat înainte de servire, scoateți vasul și bateți din frigider. Se toarnă smântâna groasă într-un bol și se bate la viteză mare până când își menține forma când se ridică bătăile, aproximativ 4 minute.

**5.** Pune smântână pe lucrul mic. Se ornează cu zmeură şi aşchii de ciocolată.

*zabaglione*

**Pentru 2 portii**

*În Italia, zabaglione (pronunțat tsah-bahl-yo-neh; g este tăcut) este un desert dulce, cremos pe bază de ou, care este adesea servit ca tonic revigorant pentru cineva care suferă de o răceală sau de altă boală. Bolnav sau nu, desertul este delicios singur sau ca baie pentru fructe sau prajituri.*

*Zabaglione trebuie consumat imediat după preparare, altfel se poate prăbuși. Pentru a pregăti zabaglione, vezi rețeta pentruzabaglione răcit.*

3 galbenusuri mari

3 linguri de zahar

3 linguri de Marsala uscată sau dulce sau Vin Santo

1. În jumătatea inferioară a unui cazan dublu sau a unei oale de mărime medie, aduceți aproximativ 2 inci de apă la fierbere.

2. În jumătatea superioară a unui cuptor cu aburi sau într-un vas termorezistent care se potriveşte confortabil peste bol, folosind un mixer manual la viteză medie, bate gălbenuşurile de ou şi zahărul până devine spumos, aproximativ 2 minute. Se amestecă marsala. Se toarnă apă clocotită peste amestec. (Nu lăsaţi apa să fiarbă sau ouăle se vor crăpa.)

3. În timp ce se încălzeşte în apă clocotită, bateţi în continuare amestecul de ouă până când devine galben pal şi foarte pufos, păstrând o formă moale când cade din tel, 3 până la 5 minute.

4. Se toarnă în pahare înalte şi se serveşte imediat.

*Zabaglione de ciocolată*

*Zabaglione al Cioccolato*

**Pentru 4 portii**

*Această variantă de zabaglione este ca o mousse bogată de ciocolată. Se servește cald cu frișcă răcită.*

3 uncii de ciocolată amăruie sau semidulce, tocată

1/4 căni de smântână groasă

4 gălbenușuri mari

1/4 cană de zahăr

2 linguri de rom sau lichior de amaretto

**1.** În jumătatea inferioară a unui cazan dublu sau a unei oale de mărime medie, aduceți aproximativ 2 inci de apă la fierbere. Combinați ciocolata și smântâna într-un castron mic rezistent la căldură pus peste apă fiartă. Se lasa sa stea pana se topeste ciocolata. Se amestecă cu o spatulă flexibilă până când amestecul este omogen. Se ia de pe foc.

2. În partea de sus a unui cuptor cu aburi sau a altui vas termorezistent care se potriveşte peste tigaie, cu un mixer manual electric, bate gălbenuşurile de ou şi zahărul până se combină uşor, aproximativ 2 minute. Se amestecă romul. Se toarnă apă clocotită peste amestec. (Nu lăsaţi apa să fiarbă sau ouăle se vor crăpa.)

3. Bateţi amestecul de gălbenuşuri de ou timp de 3 până la 5 minute până când devine palid şi pufos şi are o formă moale pe măsură ce cade din mixer. Se ia de pe foc.

4. Folosind o spatulă de cauciuc, amestecaţi uşor amestecul de ciocolată. Serviţi imediat.

www.ingramcontent.com/pod-product-compliance
Lightning Source LLC
Chambersburg PA
CBHW071333110526
44591CB00010B/1128